古典文獻研究輯刊

三八編

潘美月・杜潔祥 主編

第 27 冊

《說文解字》今注
（第二冊）

牛尚鵬 著

國家圖書館出版品預行編目資料

《說文解字》今注（第二冊）／牛尚鵬 著 -- 初版 -- 新北市：
花木蘭文化事業有限公司，2024〔民113〕
目 4+190 面；19×26 公分
（古典文獻研究輯刊 三八編；第 27 冊）
ISBN 978-626-344-730-1（精裝）
1.CST：說文解字 2.CST：注釋
011.08   112022600

ISBN-978-626-344-730-1

古典文獻研究輯刊
三八編　第二七冊   ISBN：978-626-344-730-1

《說文解字》今注
（第二冊）

作　　者　牛尚鵬
主　　編　潘美月、杜潔祥
總 編 輯　杜潔祥
副總編輯　楊嘉樂
編輯主任　許郁翎
編　　輯　潘玟靜、蔡正宣　美術編輯　陳逸婷
出　　版　花木蘭文化事業有限公司
發 行 人　高小娟
聯絡地址　235 新北市中和區中安街七二號十三樓
　　　　　電話：02-2923-1455／傳真：02-2923-1400
網　　址　http://www.huamulan.tw 信箱 service@huamulans.com
印　　刷　普羅文化出版廣告事業
初　　版　2024 年 3 月
定　　價　三八編 60 冊（精裝）新台幣 156,000 元　　版權所有‧請勿翻印

《說文解字》今注
（第二冊）

牛尚鵬　著

目

次

第二冊

卷二下

正部

正 𠯋 zhèng　　是也。从止，一以止。凡正之屬皆从正。〔徐鍇曰：守一以止也。〕〔之盛切〕𤳵 古文正，从二。二，古上字。𤳶 古文正，从一、足。足者，亦止也。

【注釋】

甲骨文作 𤴔，腳向著城堡，當是征伐的初文。征伐是有道伐無道，故有是義。常用義長官也，《爾雅》：「正，長也。」古有「水正」「火正」，祝融是火正，乃掌管火的長官，後祝融代指火。今人有吳官正。

有恰好、正好義，不是表時間，而是表範圍，如「斜陽正在煙柳斷腸處」。引申為僅僅、只，《世說新語》：「平原不在，正見清河。」純色不雜謂之正，今有「純正」「正黃旗」。又指射箭的靶心，《詩經》：「終日射侯，不出正兮。」今有「有的放矢」，的即正也，陰陽對轉。

乏 𠃌 fá　　《春秋傳》曰：反正為乏。〔房法切〕

【注釋】

匱乏本字當作貶。《說文》：「貶，損也。」「損，減也。」乏有荒廢義，《戰國策》：「光不敢以乏國事。」

段注：「此說字形而義在其中矣。不正則為匱乏，二字相鄉背也。禮受矢者曰

－183－

正，拒矢者曰乏，以其禦矢謂之乏，以獲者所容身謂之容。」

古代行射禮，唱靶者用以避箭的器具，叫作乏，也謂之容。即用皮革做的小屏風，作為障蔽。《周禮·夏官·射人》：「王以六耦射三侯，三獲三容。」鄭玄注：「容者，乏也，待獲者所蔽也。」

　　文二　重二

是部

　　是 昰 shì　　　直也。从日、正。凡是之屬皆从是。〔承旨切〕昰 籀文是，从古文正。

【注釋】

用腳向著太陽走以會意。日出東方，代表溫暖和生命。本義是正確的。「國是」謂國家大計也。

　　韙 韙 wěi　　　是也。从是，韋聲。《春秋傳》曰：犯五不韙。〔于鬼切〕惲 籀文韙，从心。

【注釋】

韙，正確也，常與否定詞連用。「冒天下之大不韙」者，謂犯天下之大不對也。

　　尟 尠 xiǎn（鮮）　　　是少也。尟俱存也。从是、少。賈侍中說。〔穌典切〕

【注釋】

今鮮少之本字也。鮮者，魚名也，引申為魚之泛稱，如「治大國若烹小鮮」。鱻者，新魚精也，引申為凡物新者之稱，此乃新鮮之本字。鮮、鱻皆非鮮少本字明矣。見「鮮」「鱻」字注。

段注：「是，此也。俱存而獨少此，故曰是少。从是、少，於其形得其義也。」

　　文三　重二

辵部

　　辵 辵 chuò　　　乍行乍止也。从彳，从止。凡辵之屬皆从辵。讀若《春秋公羊傳》曰：辵階而走。〔丑略切〕

【注釋】

今隸變作辵，從辵之字多與行走有關。

迹 訧 jī（蹟、跡）　　步處也。从辵，亦聲。〔資昔切〕蹟 或从足、責。速籀文迹，从朿。

【注釋】

本義是足迹、腳印。步處者，步止之地也。處，止也。「處暑」者，暑氣停止也。引申出推究、考察義，賈誼《治安策》：「臣竊迹前事，大抵強者先反。」

達 譁 hài　　無違也。从辵，羍聲。讀若害。〔胡蓋切〕

達 譁 shuài　　先道也。从辵，率聲。〔疏密切〕

【注釋】

今「循率」之本字也。《爾雅》：「率，循也。」「率土之濱」者，沿大地之邊也。率之本義為捕鳥之網，非本字明矣。

段注：「經典假率字為之。又《釋詁》、毛傳皆云：率，循也。此引申之義，有先導之者，乃有循而行者，亦謂之達也。」

邁 躝 mài　　遠行也。从辵，薑省聲。〔莫話切〕躝邁，或不省。

【注釋】

本義是行、去。《詩經》：「從公于邁。」「今我不樂，日月其邁。」引申為超越，如「三王可邁，五帝可越」。又年老義，今有「年邁」。

巡 訓 xún　　延行貌。从辵，川聲。〔詳遵切〕

【注釋】

延者，長也。本義是巡視。又用為量詞，用於飲酒，今有「酒過三巡」。

邀 躝 jiù　　恭謹行也。从辵，叚聲。讀若九。〔居又切〕

辻 赴 tú（徒）　　步行也。从辵，土聲。〔同都切〕

【注釋】

隸定作辻，隸變作徒，面目全非矣。本義是徒步行走，引申為步兵。引申有群類義，今有「無恥之徒」。

又有眾人義，「司徒」乃管人之官，《漢書》：「水至清則無魚，人至察則無徒。」今有「實繁有徒」。引申為罰勞役的人，如「驪山之徒」。引申為空義，如「徒勞」「徒手」。引申副詞空也，今有「徒有虛名」。

鼬 鼬 yóu　　行鼬徑也。从辵，繇聲。〔以周切〕

【注釋】

此「循由」之本字也。《爾雅》：「遵、率、由、從，自也。」《說文》無由字。

延 延 zhēng（征）　　正行也。从辵，正聲。〔諸盈切〕彶 延，或从彳。

【注釋】

今通行重文征。征者，遠行也。如「長征」「征途」是也。段注：「征為正行，邁為遠行。引申為征伐，《孟子》曰：征之為言正也。」「征」「徵」之別，見「徵」字注。

隨 隨 suí（随）　　从也。从辵，墮省聲。〔旬為切〕

【注釋】

今簡化作随。本義是跟從，引申為聽任義，今有「任隨」。形聲字偏旁位置多歧，隨乃形旁在中者也。隋文帝楊堅初封在隨地，號隨公，後取國號為隋，乃去辵也。《說文》有隋字，音 duò，與隋朝字乃同形字耳。

迷 迷 bó　　行貌。从辵，宋聲。〔蒲撥切〕

迬 迬 wàng　　往也。从辵，王聲。《春秋傳》曰：子無我迬。〔于放切〕

【注釋】

迬，古往字。《左傳》：「君使子展迬勞於東門之外。」又通「誑」，欺騙也。《詩經》：「無信人之言，人實迬女。」

逝 𨖂 shì　往也。从辵，折聲。讀若誓。〔時制切〕

【注釋】

逝，往也，去也。「逝者如斯夫」，逝者，往者也。「逝世」，去世也。去者，離也。引申為跑也，如「時不利兮騅不逝」。又引申為死也，曹丕《與吳質書》：「一時俱逝，痛可言邪？」今有「病逝」。

徂 䢐 cú（祖）　往也。从辵，且聲。徂，齊語。〔全徒切〕𧾷徂，或从彳。䢐籀文，从盧。

【注釋】

今通用祖。本義是往也，既有『到……去』義，《詩經》：「四月惟夏，六月徂暑。」徂暑者，往暑也，謂天最熱也。又有過去、逝去義，如「歲月其徂」。引申及、至義，《詩經》：「自堂徂基，自羊徂牛。」李漁《閒情偶寄‧種植部》：「後先相繼，自夏徂秋。」

段注：「《釋詁》《方言》皆曰：徂，往也。按《鄭風》：匪我思且。箋云：猶非我思存也。此謂且即徂之假借。《釋詁》又云：徂，存也。」

述 𨕖 shù　循也。从辵，术聲。〔食聿切〕𧗞籀文，从秫。

【注釋】

本義是遵循、依照。「述而不作」者，謂遵循前例無己之創建也。「祖述堯舜」謂繼承效法堯舜也。清王引之有《經義述聞》，謙稱也，謂轉述所聽到的別人的東西。

遵 䢐 zūn　循也。从辵，尊聲。〔將倫切〕

【注釋】

本義是沿著，《爾雅》：「遵，自也。」《詩經》：「遵大道兮。」即走大路也。《離騷》：「彼堯舜之耿介兮，既遵道而得路。」泛指遵循。

適 䢐 shì（适）　之也 [1]。从辵，啻聲 [2]。適，宋魯語。〔施隻切〕

【注釋】

[1] 適的本義是往也、之也。《爾雅》：「適，往也。」今有「無所適從」，女子嫁人

曰「適人」。副詞有恰好義，今有「適逢其會」。又剛才、方才也，如「適從何
處來」？

今簡化作适，古适、適二字二音，殊不相混。适，音 kuò，人名用字，周有
南宮适，唐德宗名李适，宋有洪适。近代有推行白話文胡適者，亦名胡適之，
非胡适明矣。國學大師黃侃戲之曰：「胡者，哪裏也。胡適，何不改名到哪裏
去。」

段注：「按此不曰往而曰之，許意蓋以之與往稍別，逝、徂、往，自發動言之，
適自所到言之，故變卦曰之卦，女子嫁曰適人。」

〔2〕啻，作偏旁時隸變作商，摘、滴、嫡、鏑等皆是。

過 𦜟 guò（过）　　度也。从辵，咼聲。〔古禾切〕

【注釋】

过乃草書楷化字形。過之本義為經過。引申拜訪、探望義，孟浩然有《過故人
莊》。又有責怪義，常「督過」連用，督亦責怪義。

段注：「引申為有過之過。《釋言》：郵，過也。謂郵亭是人所過，愆郵是人之過，
皆是。分別平去聲者，俗說也。」

遦 𦤲 guàn　　習也。从辵，貫聲。〔工患切〕

【注釋】

段注：「此與《手部》摜音義同。亦假貫，或假串。《左傳》曰：貫瀆鬼神。《釋
詁》：貫，習也。《毛詩》曰：串夷載路。」

《說文·手部》：「摜，習也。」與遦音義皆同，異部重文也，乃「習慣」之本字
也。《說文》無慣字，古多假貫為之，《爾雅》：「閒、暇、串、貫，習也。」

遪 𧗸 dú　　媟遪也。从辵，賣聲。〔徒谷切〕

【注釋】

此「褻瀆」之本字。《說文》：「瀆：溝也。」非本字明矣。段注：「《女部》作媟
嬻，《黑部》作黷，今經典作瀆。」

進 𧘂 jìn（进）　　登也。从辵，閵省聲。〔即刃切〕

【注釋】

进乃另造俗字。本義是前進，引申出提拔義，《進學解》：「登崇俊良。」登者，進也。引申到朝廷做官，退指不做官，《岳陽樓記》：「是進亦憂，退亦憂。」勸人稱帝為「勸進」。

古代「進」和「入」是兩個不同的概念，「進」的反面是退，「入」的反面是出，現代漢語「進去」「進來」，古人只說入，不說進。

造 䚰 zào　就也。从辵，告聲。譚長說：造，上士也。〔七到切〕䑃古文造，从舟。

【注釋】

就，靠近也。造之本義為靠近、達到。今「登峰造極」「造就」「造詣」「造訪」者，皆用本義。「造就」「造詣」皆同義連文。引申為成就，《詩經》：「小子有造。」

引申指訴訟的雙方，如「甲造」「乙造」，《尚書》：「兩造具備，師聽五辭。」又時代、年代義，如「滿清末造」。「造次」者，倉猝也，如「造次之間」；魯莽草率也，如「不敢造次」。

段注：「《釋水》：天子造舟。毛傳同。陸氏云：《廣雅》作艁。按艁者，謂並舟成梁。後引申為凡成就之言。」

逾 踰 yú　越進也。从辵，俞聲。《周書》曰：無敢昏逾。〔羊朱切〕

【注釋】

「過」指一般的經過；「越」「逾」有時表爬過，如「越牆」「逾牆」；「超」表示跳過。

遝 𧼈 tà（沓）　迨也。从辵，眔聲。〔徒合切〕

【注釋】

「雜遝」，眾多雜亂貌。遝，今簡化作沓。

迨 𧺍 hé　遝也。从辵，合聲。〔侯合切〕

连 跐 zé　连连，起也。从辵，作省聲。〔阻革切〕

【注釋】

迮迮，倉促義也，此「乍忽」之本字也。「乍明乍暗」者，忽明忽暗也。「乍暖還寒」者，忽冷忽熱也。引申為迫迮，即今窄字也。

段注：「乍者倉卒意，即迮之假借也。引申訓為迫迮，即今之窄字也。」

遣 𧼻 cuò　　迕遣也。从辵，昔聲。〔倉各切〕

【注釋】

此「交錯」之本字也。《說文》：「錯，金塗也。」謂以金措其上也。錯之本義為鑲嵌，「金錯刀」者，謂鑲金之刀也。非交錯本字明矣。錯或借為措字，措者，置也。

段注：「《小雅》：獻酬交錯。毛曰：東西為交，邪行為錯。」

遄 𧼲 chuán　　往來數也。从辵，耑聲。《易》曰：以事遄往。〔市緣切〕

【注釋】

本義是迅速。《爾雅》：「遄，速也。」引申有往來頻繁義。數、亟皆兼快、多二義，同步引申也。

速 𧼔 sù　　疾也。从辵，束聲。〔桑谷切〕𧼙 籀文，从欶。𧾷 古文，从敕，从言。

【注釋】

本義是快。常用義是邀請，如「不速之客」，又有招致義，如「速禍之道」。「快」上古只做愉快講，表示快速是後起義。快速的意義上常用「速」，「疾」比「速」要快，「捷」指動作輕快。

迅 𧼻 xùn　　疾也。从辵，卂聲。〔息進切〕

适 𧼺 kuò　　疾也。从辵，昏聲。讀與括同。〔古活切〕

【注釋】

見上「適」字注。昏作偏旁隸變作舌，見前注。常作為人名用字。

逆 䢔 nì　　迎也。从辵，屰聲。關東曰逆，關西曰迎。〔宜戟切〕

【注釋】

本義是迎接。「逆風而行」即迎風而行也。旅店古叫逆旅，謂迎客之所也。段注：「今人假以為順屰之屰，逆行而屰廢矣。」

屰、逆、朔同源詞也，朔日是一月之初，迎接一月之到來也，古有「告朔」之禮。逆常用義是預先，「逆知」即預先知道。

迎 䢖 yíng　　逢也。从辵，卬聲。〔語京切〕

【注釋】

迎、逢之本義皆遇見也。今有「逢迎」。

逜 䢊 jiāo　　會也。从辵，交聲。〔古肴切〕

【注釋】

此「交錯」「交匯」之後起本字。如獅子者，本寫作師子，後造獅字，專屬該詞，故叫後起本字。《說文》：「交，交脛也。」引申為凡交之稱。段注：「東西正相值為逜，今人假交脛之交為逜會字。」

遇 䢋 yù　　逢也。从辵，禺聲。〔牛具切〕

【注釋】

從禺之字多有對偶、相逢義。見前「藕」字注。遇有對待義，如「遇之甚善」「可善遇之」，今有「待遇」，同義連文也。專指遇到好的君主，今有「懷才不遇」。引申有會見義，《公羊傳》：「宋公、衛侯遇於垂。」引申為機會，今有「際遇」「機遇」。

遭 䢌 zāo　　遇也。从辵，曹聲。一曰：邐行。〔作曹切〕

【注釋】

本義是遇到。引申為周，今有「周遭」。引申為次，如「一遭」「兩遭」。「一曰：邐行」者，段注：「俗云周遭是也。」

遘 䜓 gòu　　遇也。从辵,冓聲。〔古候切〕

【注釋】

本義是遇到。從冓之字多有相逢、對偶義,如媾、講、構、購、篝等。冓者,交積材也。講之本義為講和,購之本義為懸賞,皆雙方之行為。篝乃竹籠,編竹為之也。構者,本義是架屋,木頭相交也。媾之本義是結成婚姻。

逢 䜝 féng　　遇也。从辵,夆省聲。〔符容切〕

【注釋】

本義是遇到,引申為迎接,今有「逢迎」。又引申為迎合、討好,《孟子》:「逢君之惡其罪大。」

段注:「按夆,啎也。啎,逆也。此形聲包會意,各本改為夆省聲,誤。《說文》本無夆。」

遻 䜦 è　　相遇驚也。从辵,从咢,咢亦聲。〔五各切〕

【注釋】

本義是遇到。《釋詁》:「遇,遻也。遻,見也。」

迪 䢔 dí　　道也。从辵,由聲。〔徒歷切〕

【注釋】

本義是道路,「啟迪」原義謂開路、引路也,保留本義。引申為引導,今有「啟迪」、「訓迪」。引申為遵循,《爾雅》:「迪、由、循,自也。」《法言》:「為國不迪其法。」

段注:「按道兼道路、引導二訓。」引申為進用、引進義,《詩經》:「弗求弗迪。」《爾雅》:「迪,進也。」

遞 䜻 dì(遞)　　更易也。从辵,虒聲。〔特計切〕

【注釋】

俗字作遞。「傳」「遞」有別,「傳」多是傳給後人或後代;「遞」是一個接一個地更替。

通 通 tōng　　達也。从辵，甬聲。〔他紅切〕

【注釋】

段注：「通、達雙聲。《禹貢》：達於河。今文《尚書》作『通於河』。按：達之訓『行不相遇也』，通正相反，經傳中通達同訓者，正亂亦訓治，徂亦訓存之理。」

「通」之常用義甚多，通報、傳達也，今有「通報」，同義連文。得志謂之達，也謂之通，同步引申，如「窮通」，猶「窮達」也。有精通義，如「通於兵法」，今有「精通」。有交往義，如「因其富貴，交通王侯」。有通姦義，今有「私通」。

有交換義，如「通財貨」。有全部義，今有「通夜」「通宵」。《詞詮》：「通，皆也，共也。」用於文書，一份謂一通。又一遍也，今有「擊鼓三通」。「交」亦有交換義、全部義、交往義，同步引申也。

迆 迆 xǐ（徙）　　移也。从辵，止聲。〔斯氏切〕迆徙，或从彳。𣢩古文徙。

【注釋】

隸定作迆，隸變作徙。本義是遷移，引申為調職義，引申為流放義，「徙邊」謂流放邊遠地區。「遷」亦有此三義，同步引申也。「遷」表示陞官，「左遷」謂降職，因漢代以前尊右故也。「徙」表示一般的調職。

迻 迻 yí（移）　　遷徙也。从辵，多聲。〔弋支切〕

【注釋】

今「移動」本字也。《說文》：「移，禾相倚移也。」倚移，疊韻連綿字，謂阿那也，一語之轉。又作旖旎，於旗曰旖施，於木曰橢施，皆阿那之謂也。段注：「今人假禾相倚移之移為遷迻字。」清孫詒讓有《札迻》，仍用本字。

遷 遷 qiān（迁）　　登也。从辵，䙴聲。〔七然切〕𢯱古文遷，从手、西。

【注釋】

迁乃另造之俗字也。本義是登高，《詩經》：「出自幽谷，遷于喬木。」「喬遷」謂稱人遷居也。引申出變動義，今有「時過境遷」。

引申為放逐、流放，如「捕而遷之」。今有「遷延時日」，謂拖延也。引申為調動官職，一般是陞官，「左遷」是降職。「徙」則表示一般的調動。見前「徙」字注。

運**逪** yùn（运）　　移徙也。从辵，軍聲。〔王問切〕

【注釋】

运乃另造之俗字也。本義是遷徙，常用義是動也，今有「運動」。《逍遙遊》：「海運則徙於南冥。」運，動也。又用也，今有「運用」，如「運兵之道」。

遁**逪** dùn　　遷也。一曰：逃也。从辵，盾聲。〔徒困切〕

【注釋】

常用義是逃跑，今有「逃遁」「遁地術」，毛澤東詞：「報導敵軍宵遁。」在逃跑意義上，遁比逃更隱蔽，多指悄悄溜走，不知去向，故產生出隱藏義，今有「消聲遁跡」「隱遁」。「遁詞」謂理屈詞窮時說的應付話。

段注：「此字古音同循，遷延之意，凡逡遁字如此，今之逡巡也。一曰：逃也。此別一義，以遁同遯，蓋淺人所增。」《說文》：「遯，逃也。」據段注，此逃遁之本字也。

遜**逪** xùn　　遁也。从辵，孫聲。〔蘇困切〕

【注釋】

本義是逃跑，引申出退讓義，如「遜位」。引申出差一些、次一點義，今有「遜色」。《倚天屠龍記》金毛獅王名謝遜，謝亦有遜色義。

返**逪** fǎn　　還也。从辵，从反，反亦聲。《商書》曰：祖甲返。〔扶版切〕**彶**《春秋傳》返，从彳。

【注釋】

段注：「《漢書》曰：左氏多古字古言。許亦云：左丘明述《春秋傳》以古文，今左氏無彶字者，轉寫改易盡矣。」

還**逪** huán　　復也。从辵，睘聲。〔戶關切〕

【注釋】

　　段注：「今人還繞字用環，古經傳只用還字。」常用有旋轉義，《扁鵲見蔡桓公》：「扁鵲見蔡桓公而還走。」又有輕快敏捷義，《詩經》：「子之還兮，遭我乎猺之道兮。」

　　選 𨾛 xuǎn（选）　　遣也。从辵、巽。巽遣之。巽亦聲。一曰：選，擇也。〔思沇切〕

【注釋】

　　本義是遣派、送走。

　　段注：「選、遣疊韻。《左傳》：秦后子有寵於桓，如二君於景。其母曰：『弗去，懼選。』鍼適晉，其車千乘。按此選字正訓遣，后子懼遣，故適晉，實非出奔也。」

　　送 𨠖 sòng　　遣也。从辵，㑞省。〔蘇弄切〕𨠖 籀文，不省。

【注釋】

　　㑞音 zhèn，右偏旁同朕，隸變作关。

　　遣 𨜓 qiǎn　　縱也。从辵，𠳋聲。〔去衍切〕

【注釋】

　　本義是送走。《說文》：「送，遣也。」周容《芋老人傳》：「厚資而遣之。」今有「遣送回國」。引申出貶謫義，如「遣歸」謂貶謫、釋放或休棄而令歸。「遣謫」謂流放邊遠地區。引申為排除、排遣，今有「消遣」。又使也、令也，李白《勞勞亭》：「春風知別苦，不遣柳條青。」

　　邐 𨜞 lǐ　　行邐邐也。从辵，麗聲。〔力紙切〕

【注釋】

　　邐邐者，彎曲貌也。

　　逮 𨔥 dài　　唐逮，及也。从辵，隶聲。〔臣鉉等曰：或作迨。〕〔徒耐切〕

【注釋】

　　唐逮雙聲，蓋古語也。逮之本義為趕上。隶乃逮之初文，孳乳作逮。《說文》：

「隶，及也。」今作為隸之簡化字。逮有趁著義，猶及也。及亦有此二義，同步引申也。

逮捕實後起義。逮指逮捕人，捕還可指其他動物，如「捕獵」「捕魚」。捉上古是抓住義，唐代以後才產生捕捉義。

遲 䢔 chí（迟）　　徐行也。从辵，犀聲。《詩》曰：行道遲遲。〔直尼切〕䢌 遲，或从尼。䢌 籀文遲，从屖。

【注釋】

迟乃另造之俗字。本義是緩慢，今有「遲緩」「說時遲，那時快」，當代作家有徐遲，徐亦遲也。引申為晚，今有「遲到」。引申為愚鈍，今有「遲鈍」。引申為長久、久，今有「遲遲不來」，本字當作「徲」，《說文》：「徲，久也。」「遲明」謂黎明也，見下「邌」字注。

邌 䢔 lí　　徐也。从辵，黎聲。〔郎奚切〕

【注釋】

此「黎明」之本字也。黎明者，慢慢而明也。也作「遲明」，《廣雅》：「邌，遲也。」王念孫疏證：「邌與黎通，凡言黎者，皆遲緩之義。」見「黎」字注。

邌 䢔 dì　　去也。从辵，帶聲。〔特計切〕

【注釋】

本義為去，如「九月遰鴻雁」。「迢遰」同「迢遞」，遙遠也；又高聳也。

遹 䢔 yuān　　行貌。从辵，䏆聲。〔烏玄切〕

遧 䢔 zhù　　不行也。从辵，馵聲。讀若住。〔中句切〕

【注釋】

此「停住」之本字也。《說文》「住」字作「侸」，云：「立也。」「讀若住」乃許書以讀若破假借之例。

逗 䢔 dòu　　止也。从辵，豆聲。〔田候切〕

【注釋】

今有「逗留」。

迟 𧗟 qì　　曲行也。从辵，只聲。〔綺戟切〕

【注釋】

本義是曲折而行。泛指彎曲，如「迟曲」「迟橈」。

逶 𧗟 wěi　　逶迆，邪去之貌。从辵，委聲。〔於為切〕𧖟 或从虫、為。

【注釋】

逶迆，今作「逶迤」，本義是曲折貌。引申為從容自得貌，如「逶迤退食」；又柔順貌，李康《運命論》：「俛仰尊貴之顏，逶迤勢利之間。」

迆 𧗟 yǐ（迤）　　邪行也。从辵，也聲。《夏書》曰：東迆北，會於匯。〔移爾切〕

【注釋】

本義是曲折而行，今作迤。

遹 𧗟 yù　　回避也。从辵，矞聲。〔余律切〕

【注釋】

回，邪也。避即辟也，辟，邪也。《孟子》：「放辟邪侈。」本義是邪僻，與詭譎字為同源詞。常用義是遵循，乃述之假借。《爾雅》：「遹、遵、率，循也。」

避 𧗟 bì　　回也。从辵，辟聲。〔毗義切〕

【注釋】

本義是避開。段注：「上文回辟之回，訓衺夏之叚借字也。此回依本義訓轉，俗作迴是也，然其義實相近。」

違 𧗟 wéi　　離也。从辵，韋聲。〔羽非切〕

【注釋】

　　違之本義為離開，今「久違」保留本義，謂離開好久了。違背是其引申義。引申為邪惡義，《左傳》：「昭德塞違。」

　　遴 𨘥 lìn　　行難也。从辵，粦聲。《易》曰：以往遴。〔良刃切〕𠌦 或从人。

【注釋】

　　本義是行難，泛指難，如「遴難」猶艱難也。又有選擇義，「遴選」謂選拔也。段注：「引申為遴選，選人必重難也。」又通「吝」，如「遴愛」，猶吝嗇也。

　　逡 𨕖 qūn　　復也。从辵，夋聲。〔七倫切〕

【注釋】

　　常用義退也，「逡巡」者，徘徊或退卻也。又迅速、片刻也，如「笑語逡巡即隔年」。

　　诋 𨒪 dǐ　　怒不進也。从辵，氐聲。〔都禮切〕

　　達 𨕟 dá（达）　　行不相遇也。从辵，㚇聲。《詩》曰：挑兮達兮。〔徒葛切〕𨗇 達，或从大，或曰迭。

【注釋】

　　今通行重文达，或簡化俗字與之偶合爾。

　　達，通也。反義詞是窮，故「窮則獨善其身，達則兼濟天下」。「達」有通曉、精通義，有顯赫、顯貴義。「通」亦有此二義，同步引申也。

　　逯 𨓵 lù　　行謹逯逯也。从辵，彔聲。〔盧谷切〕

【注釋】

　　此「碌碌無為」之本字也。「逯」謂隨意行走，《淮南子》：「渾然而往，逯然而來。」「逯逯」，物體運動貌。

　　段注：「張衡賦『逯起』，謂局小貌，義與此同。《廣雅》：逯逯，眾也。《女部》：

僳，隨從也。《蕭相國世家》《平原君列傳》作錄錄，義皆相近。」

迵 調 dòng　　迵迭也。从辵，同聲。〔徒弄切〕

【注釋】

　　本義是通達。「迵達」謂通達無礙也。從同之字多有通達義。

　　段注：「迵，此復舉字之未刪者。迭當作達。《玉篇》云：迵，通達也。《水部》：洞，疾流也。《馬部》：駧，馳馬洞去也。義皆相同。」

迭 諜 dié　　更迭也。从辵，失聲。一曰：達。〔徒結切〕

【注釋】

　　本義是更替。引申有屢次義，如「迭次」「戰爭迭起」「迭挫強敵」「地下文物迭有發現」。「一曰：達」，達即及也、到也，故有及義，今有「忙不迭」「叫苦不迭」。

迷 謎 mí　　或也。从辵，米聲。〔莫兮切〕

【注釋】

　　或，通「惑」。醉心於某物亦謂之迷，今有「迷戀」，迷即戀也。李白《夢遊天姥吟留別》：「迷花倚石忽已暝。」

連 轉 lián　　員連也。从辵，从車。〔力延切〕

【注釋】

　　朱駿聲《說文通訓定聲》：「員連，疊韻連綿詞，古義不詳。」段注改作「負車」，謂連即古輦字。又姻親關係謂之連，《史記》：「呂嘉與蒼梧秦王有連。」今有「連襟」。又古代十個諸侯國為連，五個諸侯國為屬。

逑 諌 qiú　　斂聚也。从辵，求聲。《虞書》曰：旁逑孱功。又曰：怨匹曰逑。〔巨鳩切〕

【注釋】

　　本義是聚集。常用義是配偶，《詩經·關雎》：「君子好逑。」

退 額 bài　　壞也。从辵，貝聲。《周書》曰：我與受其退。〔薄邁切〕

【注釋】

退與敗音義同,敗的本義也是毀壞。異部重文也。

逭 𧼒 huàn　　逃也。从辵,官聲。〔胡玩切〕𧻕 逭,或从雚,从兆。

【注釋】

古語「天作孽,猶可違;自作孽,不可逭」,本義是逃跑。或作踦。

遯 𧾷 dùn(遁)　　逃也。从辵,从豚。〔徒困切〕

【注釋】

此逃遁之本字。《說文》:「遁,遷也。一曰:逃也。」段注謂「一曰」乃淺人所加,非本字明矣。見「遁」字注。

逋 𧼒 bū　　亡也。从辵,甫聲。〔博孤切〕𢔔 籀文逋,从捕。

【注釋】

本義是逃亡,今有「逋逃」。引申為欠交、拖欠,如「逋稅」「逋租」。又拖延、遲延也,如「久逋王命」。

遺 𧼒 yí　　亡也。从辵,貴聲。〔以追切〕

【注釋】

本義是丟失。今有「路不拾遺」「遺失」。引申為拋棄義,今有「遺棄」。拋棄謂之遺,留下亦謂之遺,今有「遺囑」「不遺餘力」,正反同辭也。段注:「《廣韻》:失也,贈也,加也。按皆遺亡引申之義也。」

遂 𧼒 suì　　亡也。从辵,㒸聲。〔徐醉切〕𧼤 古文遂。

【注釋】

常用義是通達,如「何往而不遂」。引申為順暢,今有「未遂」「不遂人願」。副詞有終究、終於義。

田間的水溝謂之遂,取通達之義。《周禮》有遂人,見「阡」字注。先秦在郡縣制之前有鄉遂制,王都四郊百里之內設六鄉,百里之外至二百里曰甸,甸地的行政組

織即遂。天子六鄉六遂。

逃 𨓨 táo　　亡也。从辵，兆聲。〔徒刀切〕

追 𨔶 zhuī　　逐也。从辵，𠂤聲。〔陟隹切〕

【注釋】

本義是追趕。追溯過去，補做過去的事也謂之追，如「追悼會」「追認」。《論語》：「往者不可諫，來者猶可追。」趕跑叫追，追過來也叫追，正反同辭也。

逐 𨔎 zhú　　追也。从辵，从豚省。〔徐鍇曰：豚走而豕追之，會意。〕〔直六切〕

【注釋】

本義是追趕。趕跑叫逐，今有「驅逐」。追過來也叫逐，如「追名逐利」。引申為競爭義，《韓非子》：「中世逐於智謀。」

段注：「按鉉本作从豚省。鍇本、《韻會》作豕省，二字正『豕省聲』三字之誤也。」

遒 𨓞 qiú（逎）　　迫也。从辵，酉聲。〔字秋切〕𨓲 逎，或从酋。

【注釋】

今通行重文逎。本義是迫近，引申為強勁，今有「揮斥方遒」「遒勁有力」。引申為聚集義，《詩經》：「百祿是遒。」又有盡義，如「遒盡」。《爾雅》：「遒，終也。」通「酋」。從酋之字、音者多有緊、聚義，如緧（套車時拴在牲畜股後的皮帶）、揫（用手抓）、逑（聚集）等，同源詞也。

近 𨗉 jìn　　附也。从辵，斤聲。〔渠遴切〕𠨧 古文近。

【注釋】

引申出淺顯義，今有「淺近的文言文」。「俚近」謂粗俗淺顯也，又「言近旨遠」。又相似也，今有「近似」「長得相近」。古文「近」與「先」小篆形體頗似，典籍中或相亂。詳見俞樾《古書疑義舉例》卷七。

邋 鱲 liè　　擸也。从辵，巤聲。〔良涉切〕

【注釋】

擸，折斷也。邋，常通「躐」，「邋級」猶躐等。今作為「邋遢」字。段注：「《手部》曰：擸，折也。《公羊傳》曰：拹幹而殺之。邋、拹疊韻。」

迫 䢔 pò　　近也。从辵，白聲。〔博陌切〕

【注釋】

段注：「《釋言》曰：逼，迫也。逼本又作偪。許無逼、偪字，蓋只用畐。」

本義是近，引申出逼迫，急促義，今有「從容不迫」。引申出催促義，今有「促迫」。引申出空間的狹窄，如「地勢局迫」「緊迫」。緊亦有上述義項，同步引申也。

邇 邇 rì　　近也。从辵，桎聲。〔人質切〕

邇 邇 ěr　　近也。从辵，爾聲。〔兒氏切〕 邇 古文邇。

遏 遏 è　　微止也。从辵，曷聲。讀若桑蟲之蝎。〔烏割切〕

遮 遮 zhē　　遏也。从辵，庶聲。〔止車切〕

【注釋】

遮之本義是阻止，非今遮蔽也。遮，擋也。擋著上面就是遮蔽，擋著前後就是阻止。

遾 遾 yàn　　遮遾也。从辵，羡聲。〔于線切〕

迣 迣 zhì　　迾也。晉趙曰迣。从辵，世聲。讀若寔。〔征例切〕

【注釋】

本義是遮擋，假借有超越義。

迾 迾 liè　　遮也。从辵，列聲。〔良薛切〕

【注釋】

　　阻攔也。古代帝王外出時派武士列隊警戒，阻止人們通行，如「張弓帶鞬，遮迣出入」。

　　迀 𨒁 gàn　　進也。从辵，干聲。讀若干。〔古寒切〕

【注釋】

　　此「干求」之本字也。許書有以讀若破假借之例。《爾雅》：「干、流，求也。」唐代字書有《干祿字書》，乃科舉用字之規範字書。干祿者，求官也。唐有干謁詩，乃行卷求官之詩也。干之本義是盾牌，引申為冒犯義。段注：「干求字當作迀，干犯字當作奸。」

　　遷 𨒅 qiān　　過也。从辵，侃聲。〔去虔切〕

【注釋】

　　愆、遷音義皆同，謂過錯也。段注：「本義此為經過之過，《心部》愆、寋、𠎠為有過之過，然其義相引申也。」《說文》：「愆，過也。」

　　遱 𨔈 lóu　　連遱也。从辵，婁聲。〔洛侯切〕

【注釋】

　　《集韻》：「連遱，不絕貌。」如「俄而尺許小人，連遱而出，至不可數」。

　　迣 𨒋 zhì　　前頡也。从辵，朱聲。賈侍中說：一讀若枙，又若郅。〔北末切〕

　　迦 𨕫 jiā　　迦互，令不得行也。从辵，枷聲。〔徐鍇曰：迦互，猶犬牙左右相制也。〕〔古牙切〕

【注釋】

　　古代官府門前阻攔人馬通行的木架子，又叫「桓柜」「柜」「行馬」。段注改作「迦牙」，云：「牙各本作互，今依《玉篇》正，迦牙今音疊韻，古音雙聲。行，《篇》《韻》皆作進。」

　　－203－

越 越 yuè（越）　　踰也。从辵，戉聲。《易》曰：親而不越。〔王伐切〕

逞 逞 chěng　　通也。从辵，呈聲。楚謂疾行為逞。《春秋傳》曰：何所不逞欲。〔丑郢切〕

【注釋】

　　本義是通達。引申出炫耀、顯示義，如「逞能」。引申出快心、稱意義，如「逞目」「遊目逞懷」「逞欲」。《方言》曰：「逞，快也。自山而東或曰逞。」又引申出放任、放肆義，如「逞性子」。皆通達義之引申也。

遼 遼 liáo　　遠也。从辵，尞聲。〔洛簫切〕

【注釋】

　　辽乃另造之俗字。張遼字文遠，名、字相關也。段注：「《小雅》：山川悠遠，維其勞矣。箋云：其道里長遠，邦域又勞勞廣闊。勞者，遼之叚借也。」

遠 遠 yuǎn（远）　　遼也。从辵，袁聲。〔雲阮切〕 遠 古文遠。

【注釋】

　　远乃另造之俗字。

逖 逖 tì（逷）　　遠也。从辵，狄聲。〔他歷切〕 逷 古文逖。

【注釋】

　　今通行重文逷。《爾雅·釋詁》：「逷，遠也。」東晉有祖逖，聞雞起舞者。

迥 迥 jiǒng　　遠也。从辵，冋聲。〔戶穎切〕

【注釋】

　　本義是遠，引申出差別大，今有「迥異」。段注：「《大雅》：泂酌彼行潦。毛曰：泂，遠也。謂泂為迥之假借也。」

逴 逴 chuò　　遠也。从辵，卓聲。一曰：蹇也。讀若棹苕之棹。〔臣鉉等案：棹苕，今無此語，未詳。〕〔敕角切〕

【注釋】

本義是遠。《哀時命》：「處遑遑而日遠。」《九章》：「道遑遠而日忘。」「遑躒」謂超越、超過也。「遑」近代漢語中常寫作「迂」。

迂 𧗟 yū 　　避也。从辵，于聲。〔憶懼切〕

【注釋】

本義是曲折繞遠，如「山川迂遠」。引申出迂闊、迂腐義。「越」亦有遠、迂闊二義，同步引申也。

逮 𨕖 jiān 　　目進極也。从辵，聿聲。〔子仙切〕

邍 𨤋 yuán 　　高平之野，人所登。从辵、备、彔。闕。〔愚袁切〕

【注釋】

此「平原」之本字也。原之本義是水源，《說文》：「原，水泉本也。」非本字明矣。《爾雅》：「廣平曰原。」屈原名平，字原。魯迅夫人許廣平，蓋皆本於此也。

道 𧗠 dào 　　所行道也。从辵，从首。一達謂之道。〔徒皓切〕𧗟古文道，从首、寸。

【注釋】

本義是道路。引申為引導，引申為規律，如「天道酬勤」。虛詞從也、由也，《管子》：「凡治亂之情，皆道上始。」「由」亦有引導、道路、從三義，同步引申也。

段注：「毛傳每云行道也，道者人所行，故亦謂之行。道之引申為道理，亦為引道。」

遽 𨖭 jù 　　傳也。一曰：窘也。从辵，豦聲。〔其倨切〕

【注釋】

本義是驛站傳遞信息的馬車，猶今之郵局車。《爾雅·釋言》：「馹、遽，傳也。」孫炎注：「傳車、驛馬也。」

常用義是急忙、倉猝義，「一曰：窘也」，窘，迫也。迫，急也。今有「不敢遽下斷言」「急遽」「匆遽」。又有驚慌、恐懼義，如「惶遽」。又表示就、遂也，袁枚

《祭妹文》：「一旦長成，遽躬蹈之。」《淮南子》：「此何遽不能為福乎？」《呂氏春秋》：「其父擅遊，其子豈遽善遊哉。」

迒 **迒** háng　　獸迹也。从辵，亢聲。〔胡郎切〕 **跮** 迒，或从足，从更。

【注釋】

　　本義是野獸的足跡，《說文·序》：「見鳥獸蹄迒之跡。」引申出小路義，《廣雅》：「迒，道也。」段注：「《釋獸》：兔跡，迒。是凡獸跡皆偁迒，不專謂兔也。」

迪 **迪** dì　　至也。从辵，弔聲。〔都歷切〕

【注釋】

　　此「弔至」之後起本字也。《爾雅》：「弔，至也。」弔之本義為弔喪，《說文》：「弔，問終也。」非本義明矣。弔、吊，異體字也。

　　段注：「至者，弔中引申之義。加辵乃後人為之，許蓋本無此字，如本有之，則不當與邎、道、遽、迒為伍。」

邊 **邊** biān（边）　　行垂崖也。从辵，鼻聲。〔布賢切〕

【注釋】

　　垂崖者，邊也，同義連文。行垂崖者，謂走到邊也。

　　段注：「行於垂崖曰邊，因而垂崖謂之邊。」邊之本義是邊界、邊疆，引申出動詞接壤、靠近義，《史記》：「齊邊楚。」「界」亦有此二義，同步引申也。

　　文一百一十八　重三十一

邂 **邂** xiè　　邂逅，不期而遇也。从辵，解聲。〔胡懈切〕

【注釋】

　　不期而遇謂之邂逅，《詩經》：「今夕何夕，見此邂逅。」余冠英注：「邂逅，愛悅也，這裡用為名詞，謂可悅的人。」蘇軾《次韻答章傳道見贈》：「坐令傾國容，臨老見邂逅。」蒲松齡《聊齋誌異》：「入室，則九娘華燭凝待。邂逅含情，極盡歡昵。」本指邂逅相遇之人，代指情人。引申出一旦、萬一義，《後漢書》：「邂逅發露，禍及知親。」

逅 逅 hòu　　邂逅也。从辵，后聲。〔胡遘切〕

遑 遑 huáng　　急也。从辵，皇聲。或从彳。〔胡光切〕

【注釋】

遑之本義為急迫，「遑遑」指匆忙貌，又指心神不安貌。常用義為閑暇、空閒，《詩經》：「不遑啟處。」「不遑」即無時間也。正反同辭也。

逼 逼 bī　　近也。从辵，畐聲。〔彼力切〕

【注釋】

本義是近。今「逼真」一詞保留本義。引申出狹窄義，如「逼仄」。又強迫義。「促」亦有此三義，同步引申也。

邈 邈 miǎo（邈）　　遠也。从辵，須聲。〔莫角切〕

【注釋】

今作邈。本義是遙遠，今有「曠邈」。須、貌，異體字也。

遐 遐 xiá　　遠也。从辵，叚聲。〔臣鉉等曰：或通用假字。〕〔胡加切〕

【注釋】

本義是遠，引申為長久義，「遐齡」謂高齡也。語轉為何，《詩經》：「遐不謂矣。」

迄 迄 qì　　至也。从辵，气聲。〔許訖切〕

【注釋】

「迄今」謂到今天也。引申出終究、始終義，常用於否定，如「迄未成功」。

迸 迸 bèng　　散走也。从辵，并聲。〔北諍切〕

【注釋】

本義是走散，如「迸走」「迸散」。噴射是後起義。

透 𨓚 tòu　　跳也，過也。从辵，秀聲。〔他候切〕

【注釋】

本義是跳。「透井而死」謂跳井而死也。

邏 𨔶 luó　　巡也。从辵，羅聲。〔郎左切〕

【注釋】

本義是巡邏，今有「邏騎」「邏卒」。

迢 𨔰 tiáo　　迢遰也。从辵，召聲。〔徒聊切〕

【注釋】

迢遰，或作迢遞，遙遠貌。「迢」一般不單用，又「迢迢」「迢遙」皆遠貌。

逍 𨓜 xiāo　　逍遙，猶翱翔也。从辵，肖聲。〔臣鉉等案：《詩》只用消搖。此二字，《字林》所加。〕〔相邀切〕

遙 𨖰 yáo　　逍遙也。又遠也。从辵，䍃聲。〔余招切〕

【注釋】

本義是遠，引申為長，「遙夜」謂長夜也。「遐」亦有此二義，同步引申也。

文十三　新附

彳部

彳 𢖫 chì　　小步也。象人脛三屬相連也。凡彳之屬皆从彳。〔丑亦切〕

德 𢙇 dé　　升也。从彳，㥁聲。〔多則切〕

【注釋】

據段注，升者，登也。《周易·剝卦》：「君子德車。」虞注：「登也，升也。君子以順德，亦本字。」行書鼻祖有劉德升。

「德」常用有恩惠義，今有「恩德」「感恩戴德」。引申出感激義，《左傳》：「然

則德我乎。」引申出信念義，今有「同心同德」。「悳」者，乃今道德本字也，《說文》：「悳，外得於人，內得於己也。」

徑 jìng　步道也。从彳，巠聲。〔徐鍇曰：道不容車，故曰步道。〕〔居正切〕

【注釋】

本義是小路，從巠之字多有直義，見後「巠」字注。引申出取道、經過，《史記》：「夜徑澤中。」小路多直，引申出直往義，如「徑北」「徑南」。引申出直接了當義，今有「徑直」。

古尺牘開頭敢事語有「徑啟者」「徑稟者」，或用「敬」字，謂直接向您陳述的事情內容。者字表內容，不表人。今人或謂「敬啟者」為寫信人的謙稱，大謬。

段注：「《周禮》：夫間有遂，遂上有徑。鄭曰：徑容牛馬，畛容大車，塗容乘車一軌，道容二軌，路容三軌。此云步道，謂人及牛馬可步行而不容車也。」

復 fù（复）　往來也。从彳，复聲。〔房六切〕

【注釋】

復、複，今均簡化作复。古有別，在非單一義上，如複雜、複姓等，只能作複，不能作復；在往返義上，只能作復，不能作複。在重複、重疊意義上，如山重水複、舊病復發，可通用。復者，報也，今有「報復」，《鹽鐵論》：「有北面復匈奴之志。」

復者，又也，再也。上古在「又一次」的意義上，不用「再」，用「復」。復者，答也，今有「答覆」，或作「答復」。古者秀才可以「復其身」，謂免除傜役也。

猱 rǒu　復也。从彳，从柔，柔亦聲。〔人九切〕

徎 chěng　徑行也。从彳，呈聲。〔丑郢切〕

【注釋】

常用義疾行也。段注：「按依今本《說文》音義，則徎與逞同。」

往 wǎng　之也。从彳，㞷聲。〔于兩切〕 古文，从辵。

【注釋】

常用義送也，曹植《與楊脩書》：「今往僕少小所著辭賦一通。」往者，死者也。《左傳》：「送往事居。」杜預注：「往，死者。居，生者。」「往往」猶處處也，《西都賦》：「神池靈沼，往往而在。」《說文》：「毒，厚也。害人之草，往往而生。」「長此以往」謂以後、以下也。

徲 徲 qú　　行貌。从彳，瞿聲。〔其俱切〕

【注釋】

同「躍」，蜿蜒行走貌。段注：「此與《足部》躍音義同，《走部》又有趨。」

彼 徦 bǐ　　往有所加也。从彳，皮聲。〔補委切〕

徼 徼 jiāo　　循也。从彳，敫聲。〔古堯切〕

【注釋】

循者，巡也。本義是巡邏。秦漢鄉里有「游徼」一職，負責治安巡邏。常用義是疆界，如「南徼」。又有求取義，又有攔截義，後來寫作「邀」。段注：「按引申為徼求，為邊徼。」

循 循 xún　　行順也。从彳，盾聲。〔詳遵切〕

【注釋】

本義是順著。「循循」謂順從貌，今有「循循善誘」，謂有步驟也。又撫摩也，《漢書》：「自循其髮。」引申安慰、慰問，如「撫循百姓」。

彶 彶 jí　　急行也。从彳，及聲。〔居立切〕

【注釋】

今「汲汲以求」之本字也。《說文》：「汲，引水於井也。」非本字明矣。段注：「凡用汲汲字，乃彶彶之假借也。」

徣 徣 sà　　行貌。从彳，躞聲。一曰：此與駮同。〔穌合切〕

微 徽 wēi　　隱行也。从彳，散聲。《春秋傳》曰：白公其徒微之。〔無非切〕

【注釋】

微之本義為隱蔽地行動。「微服私訪」正用本義。常用義是隱微，引申為微妙、深奧義，今有「微言大義」。范仲淹《岳陽樓記》：「微斯人，吾誰與歸。」「微」乃「沒」之音轉，表示假設的否定。今微小字，本字當作散。

段注：「散訓眇，微从彳，訓隱行。假借通用微而散不行。」

偍 偍 shì　　偍偍，行貌。从彳，是聲。《爾雅》曰：偍，則也。〔是支切〕

【注釋】

「偍偍」謂斜行貌。《爾雅》：「偍，則也。」通「是」，準則也。

徐 徐 xú　　安行也。从彳，余聲。〔似魚切〕

【注釋】

徐指動作從容不迫，故曰「安行也」。緩指動作慢，故引申為寬、鬆義，如「衣帶漸緩」。慢在上古指傲慢，不作緩慢講。

徎 徎 yí　　行平易也。从彳，夷聲。〔以脂切〕

【注釋】

此「化險為夷」之本字也。段注：「《廣雅》：徎，徎行也。按凡平訓皆當作徎。今則夷行徎廢矣。」夷之本義是蠻夷，非本字明矣。從夷之字多有平義，夷者，平也，如荑（割除田裏的野草，引申削平）。

傅 傅 pīng　　使也。从彳，甹聲。〔普丁切〕

【注釋】

《詩經》：「如彼遡風，亦孔之僾。民有肅心，荓云不逮。」毛傳：「荓，使也。」孔穎達疏：「荓云不逮者，是使之不得及門也。」本字當作「傅」。

傦 傦 fēng　　使也。从彳，夆聲。讀若蠭。〔敷容切〕

【注釋】

　　徬徉，卑羍之本字也。《爾雅・釋訓》：「卑羍，掣曳也。」郭璞注：「謂牽挽。」亦作「莽蜂」，牽引扶持也。

　　徑 徑 jiàn　　跡也。从彳，戔聲。〔慈衍切〕

【注釋】

　　此「踐」之異體字。段注：「《豳風》：籩豆有踐。箋云：踐，行列皃。按踐同徑，故云行列皃。」

　　徬 徬 bàng　　附行也。从彳，旁聲。〔蒲浪切〕

【注釋】

　　「牽徬」指牽拉車駕的牲口，在前叫牽，在旁叫徬，即「附行也」。今作為「彷徨」之異體字。從旁之字多有挨著義，如傍，「傍晚」者，猶「向晚」「拂曉」之比也。

　　徯 徯 xī（蹊）　　待也。从彳，奚聲。〔胡計切〕蹊 徯，或从足。

【注釋】

　　本義是等待，《尚書》：「徯我后，后來其蘇。」從奚之字多有小義，蹊為小路，溪為小河，鼷是小鼠。

　　徯、蹊本一字之異體，後分別異用。蹊指小路，如「桃李不言，下自成蹊」。由小路引申為踩踏義，《左傳》：「牽牛蹊人之田。」段注：「凡始行之，以待後行之徑曰蹊，引申之義也。今人畫為二字。」

　　待 待 dài　　竢也。从彳，寺聲。〔徒在切〕

【注釋】

　　本義是等，引申出依靠義。《商君書》：「國待農戰而安。」引申出需要義，今有「自不待言」。引申出將要義，今有「正待出門，有人來了」。又有防備義，《易經》：「上棟下宇，以待風雨。」依靠、防備義相反，正反同辭也。

　　徟 徟 dí　　行徟徟也。从彳，由聲。〔徒歷切〕

【注釋】

段注：「䌛䌛蓋與《小弁》『踧踧』同，行平易也，皆徒歷切。《玉篇》云：䌛，除又切，與宙同，古往今來無極之名。」

徧**徧** biàn（遍）　　匝也。从彳，扁聲。〔比薦切〕

【注釋】

徧同遍，《說文》無遍。段注：「《禮》《禮記》多假辯字為之。」

假**徦** jiǎ　　至也。从彳，叚聲。〔古雅切〕

【注釋】

假有至義，本字當作徦。

段注：「《方言》曰：徦、徦，至也。按徦，古格字。徦今本《方言》作假，非也。《毛詩》三頌假字或訓大也，或訓至也，訓至則為徦之假借。」

復**徥** tuì（退）　　卻也。一曰：行遲也。从彳，从日，从夊。〔他內切〕**𢓇**復，或从內。**退**古文，从辵。

【注釋】

今通行古文退。段注：「今字多用古文，不用小篆。」引申出辭去官職義，今有「辭退」。引申出謙虛義，今有「謙退」。

後**後** hòu（后）　　遲也。从彳、幺、夊者，後也。〔徐鍇曰：幺猶躓之也。〕〔胡口切〕**遑**古文後，从辵。

【注釋】

今簡化作后。古后、後二字不相混。後者，先後之後。《論語》：「子路從而後。」後者，遲也。后者，君主也。后稷、后羿者，皆古之部落首領。后之配偶亦謂后，之常用義也。

徲**徲** tí　　久也。从彳，犀聲。讀若遲。〔杜兮切〕

很 很 hěn　　不聽从也。一曰：行難也。一曰：盭也。从彳，艮聲。〔胡懇切〕

【注釋】

　　本義是不順從，如「很如羊」。今「狠毒」之本字也。後借狠字，《說文》：「狠，吠鬥聲。」音 yán。段注：「今俗用狠為很，許書很、狠義別。」

徲 徲 zhǒng　　相迹也。从彳，重聲。〔之隴切〕

【注釋】

　　相迹者，相追隨也。《說文》：「踵，追也。」「歱，跟也。」三者同源詞也。段注：「後迹與前迹相繼也，玄應合踵、徲為一字。」

得 得 dé　　行有所得也。从彳，导聲。〔多則切〕 𢔒 古文，省彳。

【注釋】

　　《說文》：「导，取也。」导乃今得到之本字，今廢而不用。常用義事情做對了，如「此言得之」，謂這話說對了。又有得意義，《史記》：「意氣洋洋，甚自得也。」又表示事情的完成，聶夷中《詠田詩》：「醫得眼前瘡，剜卻心頭肉。」

　　「能」「得」義有別，「能」表示主觀能力可及，「得」表示客觀條件使然，故有「不得而知」。

徛 徛 qí　　舉脛有渡也。从彳，奇聲。〔去奇切〕

【注釋】

　　段注：「《釋宮》曰：石杠謂之徛。郭曰：聚石水中以為步渡彴也。音居義反。」

徇 徇 xùn（徇）　　行示也。从彳，匀聲。《司馬法》：斬以徇。〔詞閏切〕

【注釋】

　　今「徇私」之古字也。《說文》無徇字。段注：「古用循巡字，漢用徇字。古匀、旬同用，故亦作徇。」

律 律 lǜ　　均布也。从彳，聿聲。〔呂戌切〕

【注釋】

　　本義是法令，法令要公，律者所以範天下之不一而歸於一，故曰均布也。引申出規則義，今有「規律」。引申出約束義，古代正音的竹管謂之律，亦取此義。如「律呂調陽」「六律」。法指大的法令，律指具體規則，故「變法」不能說「變律」。

　　御 御 yù（馭）　　使馬也。从彳，从卸。〔徐鍇曰：卸，解車馬也。或彳或卸，皆御者之職。〕〔牛據切〕馭 古文御，从又，从馬。

【注釋】

　　古者車戰，車馬不分離，至戰國始單騎。使馬者，駕車也。甲文作馭，象人執鞭駕馬之形。金文作馭，另加道路。古貴族男子必學六藝，禮、樂、射、御、書、數也。御者，如今之考一駕照也。

　　本義是駕車，引申出駕車的人，引申出控制、治理，如「駕馭」。《廣雅》：「御，治也。」如「御下無方」。御者是侍奉人的，故引申侍奉義，多指侍奉君主。《小爾雅》：「御，侍也。」今有「侍御之人」。

　　侍奉則進，故引申出進獻義，如「黼黻文章，可御於王公」。《廣雅》：「御，進也。」「御」指駕車的人，「馭」指駕車的動作，有別。「御」「禦」之別，見前「禦」字注。

　　亍 亍 chù　　步止也。从反彳。讀若畜。〔丑玉切〕

【注釋】

　　彳亍，今「踟躕」之初文也。段注：「《魏都賦》曰：澤馬亍阜。《赭白馬賦》曰：秀騏齊亍。」

　　文三十七　重七

彳部

　　彳 彳 yǐn　　長行也。从彳引之。凡彳之屬皆从彳。〔余忍切〕

【注釋】

　　此引長之本字也。《爾雅》：「引，長也。」《說文》：「引，開弓也。」非本字明矣。段注：「《玉篇》曰：今作引。是引弓字行而彳廢也。」

廷𢓱 tíng　　朝中也。从廴，壬聲。〔特丁切〕

【注釋】

朝中者，朝廷也。廷之本義為朝廷。段注：「古外朝、治朝、燕朝，皆不屋，在廷，故雨沾服失容則廢。」引申為地方官員的辦公場所，如「縣廷」。外朝、治朝、燕朝即所謂之五門三朝制，見「庭」字注。

延𢓩 zhēng　　行也。从廴，正聲。〔諸盈切〕

【注釋】

段注：「此與《辵部》延、征字音義同，漢武帝年號延和字如此作。今《漢書》多誤為以然切之延，又或改為从辵之征，亦非也。」

建𢖍 jiàn　　立朝律也。从聿，从廴。〔臣鉉等曰：聿，律省也。〕〔居萬切〕

【注釋】

建者，樹立也。周氏三兄弟，名樹人、作人、建人者，樹、作、建，其義一也。段注：「今謂凡豎立為建，許云：立朝律也，此必古義，今未考出。」

　　文四

延部

延𢌥 chān　　安步延延也。从廴，从止。凡延之屬皆从延。〔丑連切〕

【注釋】

延延，緩慢走路貌。繟，緩也。同源詞也。段注：「《魏志》：鍾會兄子毅及峻䢗下獄。裴曰：䢗，勒連反。按即延字也，止之隸變作山。」

延𢌿 yán　　長行也。从延，厂聲。〔以然切〕

【注釋】

引申為長義。《爾雅》：「延，長也。」段注：「本義訓長行，引申則專訓長。《方言》曰：延，長也。凡施於年者謂之延。」引申出迎接義，今有「開關延敵」，《爾

雅》：「延，迎也。」引申為邀請義，今有「延請」「延師授課」「延醫治病」。

文二

行部

行 xíng　人之步趨也。从彳，从亍。凡行之屬皆从行。〔戶庚切〕

【注釋】

甲文、金文作、，象十字路口。羅振玉《殷虛書契考釋》：「象四達之衢。」故行之本義為路口，今銀行、商行保留本義，謂銀子流通之路口也。引申有道路義、行走義。「人之步趨」謂人行走，步趨同義連文，此乃行之引申義，非本義也，許慎失之。

常用有代理官職義，《三國志》：「太祖行備武將軍。」古代職事官與散官品級不一定一致，散官低而充高級職事官，稱「守某官」；散官高而充低級職事官，稱「行某官」。亦取代理之義。又有將要義，《廣雅》：「將，行也。」今有「行將」。又有行輩義，今有「排行」；又軍隊編制，二十五人為行，今有「行伍」，見「伍」字注。行有出嫁義，《詩經》：「女子有行，遠父母兄弟。」

段注：「步，行也。趨，走也。二者一徐一疾，皆謂之行，統言之也。」

術 shù（术）　邑中道也。从行，朮聲。〔食聿切〕

【注釋】

今簡化作术，與白朮（zhú）字成了同形字。本義為邑中的道路，泛指道路。袁術，字公路，名字相關也。引申為技藝，今有「技術」，如「術有所不逮」。

街 jiē　四通道也。从行，圭聲。〔古膎切〕

【注釋】

段注：「《風俗通》曰：街，攜也，離也。四出之路，攜離而別也。」

衢 qú　四達謂之衢。从行，瞿聲。〔其俱切〕

【注釋】

能往四個方向去的路，泛指四通八達的道路。今有「通衢大道」。武漢有九省通

衢之稱。樹枝的分叉也叫衢，如「其枝五衢」。

衝 chōng（衝、沖、冲）　　通道也。从行，童聲。《春秋傳》曰：及衝，以戈擊之。〔昌容切〕

【注釋】

通道者，路口也。俗字作衝，今簡化作冲。本義是路口，今「交通要衝」「首當其衝」保留本義。當者，處也，謂最先處在路口，即最先受影響者也。

引申為向著、對著義，《山海經》：「有一蛇，首衝南方。」「衝風」謂暴風也。古沖、衝二字有別。沖者，《說文》从水不从氵，云：「沖，湧搖也。」謂水之搖動。今簡化作冲，理據盡失。解放後漢字簡化方案不妥處甚多，此其一端也。

衕 tòng　　通街也。从行，同聲。〔徒弄切〕

【注釋】

今胡同之本字也。巷即胡同之合聲，聲轉為巷，音變為弄。段注：「今京師衚衕字如此作。」

衚 jiàn　　迹也。从行，戔聲。〔才線切〕

衙 yú / yá　　行貌。从行，吾聲。〔魚舉切，又音牙〕

【注釋】

今作衙門字。段注：「《九辯》：導飛廉之衙衙。王注：風伯次且而埽塵也。衙衙是行列之意，後人因以所治為衙。」

衎 kàn　　行喜貌。从行，干聲。〔空旱切〕

【注釋】

本義是快樂，《爾雅》：「衎，樂也。」又有剛直義，如「衎直」，「衎衎」謂剛直從容貌，當為「侃」之借字。

衒 xuàn（衒）　　行且賣也。从行，从言。〔黃絢切〕衒，或从玄。

【注釋】

今「炫耀」之本字也。今通行重文衒，本義是沿街叫賣，泛指賣，如「衒鬻」。

衛 𧗟 shuài　　　將衛也。从行，率聲。〔所律切〕

【注釋】

此將帥、將率之本字也。《說文》：「帥，佩巾也。」「率，捕鳥畢也。」皆非本字明矣。

段注：「將衛當作將衛也。衛，導也，循也，今之率字。率行而衛廢矣。率者，捕鳥畢也。將帥字古只作將衛，帥行而衛又廢矣。帥者，佩巾也。衛與《辵部》遳音義同。」

衛 𧗠 wèi（卫）　　　宿衛也。从韋、帀，从行。行，列衛也。〔于歲切〕

【注釋】

常用義是箭上的羽毛，如「矢入沒衛」。又驢也，如「蹇衛」，謂跛驢也，如「策雙衛來迎」。

文十二　重一

齒部

齒 𪘁 chǐ（齿）　　　口齗骨也。象口齒之形，止聲。凡齒之屬皆从齒。〔昌里切〕𣥵古文齒字。

【注釋】

齿乃省旁俗字。本義是門牙，見「牙」字注。引申為年齡義，如「序齒」，今有「馬齒徒增」，謙稱自己年長無能。又有並列、排列義，如「不齒於人類」。今有「為人所不齒」，謂人不把他和自己並排，即不認為是同類人。引申為錄用義，今有「齒錄」。

段注：「鄭注《周禮》曰：人生齒而體備，男八月，女七月而生齒。」

齗 𪘲 yín（齦）　　　齒本也。从齒，斤聲。〔語斤切〕

【注釋】

今作齦。《說文》：「齦，齧也。」乃啃之本字也。

齔 齔 chèn　　毀齒也。男八月生齒，八歲而齔。女七月生齒，七歲而齔。從齒，從七。〔初堇切〕

【注釋】

本義是兒童換牙，引申為童年，今有「童齔」。

據《黃帝內經》載，「男八月生齒，八歲而毀齒，十六而精小通。女七月而生齒，七歲而毀齒，十四而精化小通」。男子的生理週期是八的倍數，女子的生理週期是七的倍數，男子八月長牙，八歲掉牙，十六歲有生育能力，六十四歲喪失生育能力。而女子七月長牙，七歲掉牙，十四歲有生育能力，四十九歲喪失生育能力。古制老夫少妻不利於人口繁衍，孔子的父親叔梁紇七十二歲取了十六歲的顏徵在，故《史記》稱之為「野合」，謂不合於禮制而合也。有注本謂「野合」為在野地裏交合，失之矣。

齰 齰 zé　　齒相值也。一曰：齧也。從齒，責聲。《春秋傳》曰：晳齰。〔士革切〕

齜 齜 chái　　齒相斷也。一曰：開口見齒之貌。從齒，柴省聲。讀若柴。〔仕街切〕

齘 齘 xiè　　齒相切也。從齒，介聲。〔胡介切〕

【注釋】

段注：「《方言》：齘，怒也。郭曰：言囓齘也，囓亦作顡。《篇》《韻》皆云：顡齘，切齒怒。」

齞 齞 yàn　　口張齒見。從齒，只聲。〔研繭切〕

齹 齹 yàn　　齒差也。從齒，兼聲。〔五銜切〕

齺 齺 zōu　　齒擒也。一曰：齰也。一曰：馬口中橜也。從齒，芻聲。〔側鳩切〕

齵 齵 óu　　齒不正也。從齒，禺聲。〔五婁切〕

【注釋】

段注:「《廣韻》齱下曰:齱齵,齒偏。齵下曰:齱齵。」

齼 zhā(齟）　齺齒也。从齒,盧聲。〔側加切〕

【注釋】

齼,今作齟,音 jǔ。「齟齬」謂牙齒上下對不上,喻意見不合。

齺 zōu　齵也。从齒,取聲。〔側鳩切〕

【注釋】

段注:「《廣韻》齱下曰:齱齵,齒偏。齵下曰:齱齵。」

齹 cī　齒參差。从齒,差聲。〔楚宜切〕

【注釋】

從差之字多有不齊義,如嵯峨、切磋字。

齜 cuó　齒差跌貌。从齒,佐聲。《春秋傳》曰:鄭有子齹。〔臣鉉等曰:《說文》無佐字。此字當从㝈,傳寫之誤。〕〔昨何切〕

齤 quán　缺齒也。一曰:曲齒。从齒,关聲。讀若権。〔巨員切〕

齳 yǔn　無齒也。从齒,軍聲。〔魚吻切〕

齾 yà　缺齒也。从齒,獻聲。〔五轄切〕

【注釋】

此「慭缺」之本字也。牙齒缺謂之齾,引申為凡物之缺。《左傳》:「兩軍之士皆未慭也。」段注:「引申凡缺皆曰齾。《左傳》曰:兩軍之士皆未慭也。杜曰:慭,缺也。」

齟 jǔ　斷腫也。从齒,巨聲。〔區主切〕

齯 𪘁 ní　　老人齒。从齒，兒聲。〔五雞切〕

【注釋】

《爾雅》：「齯齒，壽也。」《釋名》：「九十或曰齯齒，大齒落盡，更生細者，如小兒齒也。」

齮 𪗴 yǐ　　齧也。从齒，奇聲。〔魚綺切〕

【注釋】

段注：「按凡从奇之字多訓偏，如掎訓偏引，齮訓側齧。」

齣 𪗾 zhí　　齚齒也。从齒，出聲。〔仕乙切〕

齰 𪘅 zé　　齧也。从齒，昔聲。〔側革切〕𪘻齰，或从乍。

齸 𪘈 jiān　　齧也。从齒，咸聲。〔工咸切〕

齦 𪘊 kěn（啃）　　齧也。从齒，𥃩聲。〔康很切〕

【注釋】

今作啃，《說文》無啃。今作為牙齦字。段注：「此與《豕部》豤音義同，疑古只作豤。齦者後出分別之字也，今人又用為齗字矣。」

齴 𪘃 yǎn　　齒見貌。从齒，干聲。〔五版切〕

齜 𪘆 zú　　齜齚也。从齒，卒聲。〔昨沒切〕

【注釋】

段注：「齜，此復舉字之未刪者。」

齝 𪘄 là　　齒分骨聲。从齒，列聲。讀若剌。〔盧達切〕

齩 𪘂 yǎo（咬）　　齧骨也。从齒，交聲。〔五巧切〕

【注釋】

今「哨咬」之本字也。咬之本義為鳥鳴聲。段注：「俗以鳥鳴之咬為齘齧。」

齧　qiè　　齒差也。从齒，屑聲。讀若切。〔千結切〕

【注釋】

今「切磋」之本字也。《說文》：「切，刌也。」本義是切割，非本字明矣。「讀若切」，此許書以讀若破假借之例。

齰　xiá　　齒堅聲。从齒，吉聲。〔赫轄切〕

【注釋】

從吉之字多有堅義，見後「桔」字注。段注：「《石部》曰：硈，石堅也。皆於吉聲知之。」

齦　ái　　齱牙也。从齒，豈聲。〔五來切〕

【注釋】

段注：「齱牙猶差齒也，亦引申為摩器之名。《刀部》曰：剴，一曰：摩也。皆於豈聲知之。」

齝　chī　　吐而噍也。从齒，台聲。《爾雅》曰：牛曰齝。〔丑之切〕

【注釋】

段注：「噍即嚼字也，《釋獸》郭注曰：食之已久，復出嚼之。」

齕　hé　　齧也。从齒，气聲。〔戶骨切〕

【注釋】

本義是咬也。秦國將領有王齕。

齻　lián　　齒見貌。从齒，聯聲。〔力延切〕

齧　niè（嚙）　　噬也。从齒，㓞聲。〔五結切〕

【注釋】

俗字作齭，今簡化作嚼。

齭 chǔ　　齒傷酢也。从齒，所聲。讀若楚。〔創舉切〕

【注釋】

齭又作齼，今「痛楚」「酸楚」之本字也。

段注：「亦作齼，凡言痛怵、儵澀意皆同。」《說文》：「楚，叢木。一名荊也。」本義是荊楚，灌木，非本字明矣。「讀若楚」者，許書有以讀若破假借之例。

齨 jiù　　老人齒如臼也。一曰：馬八歲齒臼也。从齒，从臼，臼亦聲。〔其久切〕

齬 yǔ　　齒不相值也。从齒，吾聲。〔魚舉切〕

【注釋】

今有「齟齬」，本義謂上下牙齒不相對應，喻意見不合相牴觸。從吾之字多有相對義，如語，直言曰言，論難為語；晤，見面也；悟，逆也。

齛 xiè　　羊粃也。从齒，世聲。〔私列切〕

【注釋】

羊反芻也。段注：「《釋獸》曰：羊曰齛。郭曰：齛，音漏泄，按唐人諱世作齥。」

齸 yì　　鹿麋粃。从齒，益聲。〔伊昔切〕

【注釋】

麋鹿反芻。

齷 zhì　　齧堅也。从齒，至聲。〔陟栗切〕

齰 huá　　齧骨聲。从齒，从骨，骨亦聲。〔戶八切〕

齳 kuò　　噍聲。从齒，昏聲。〔古活切〕

齰 齰 bò　　嚙堅也。从齒，專聲。〔補莫切〕

文四十四　重二

齡 齡 líng　　年也。从齒，令聲。〔臣鉉等案：《禮記》：夢帝與我九齡。疑通用靈。武王初聞九齡之語，不達其義，乃云西方有九國。若當時有此齡字，則武王豈不達也，蓋後人所加。〕〔郎丁切〕

【注釋】

《廣雅》：「齡，年也。」九齡者，謂九十歲，長壽也。唐人有張九齡。

文一　新附

牙部

牙 𦧚 yá　　牡齒也。象上下相錯之形。凡牙之屬皆从牙。𦥑 古文牙。〔五加切〕

【注釋】

牡齒，段注改為壯齒也。壯齒者，大齒也。

段注：「統言之皆稱齒、稱牙。析言之則前當唇者稱齒，後在輔車者稱牙，牙較大於齒，非有牝牡也。」

古者齒牙有別，當唇為齒，在裏為牙，故有「唇亡齒寒」「笑不露齒」。齒單牙雙，齒切斷，牙咬合，故有「咬牙切齒」。音韻學上有牙音、齒音，牙音者，舌根音也；齒音者，舌尖音也。前後判然。

常用義咬也，又將軍的大旗謂之牙，如「高牙大纛」。又指衙門，後作「衙」。《新唐書》：「命宰相，南北牙群臣。」「牙郎」「牙儈」謂經紀人也。

猗 猗 qí　　武牙也。从牙，从奇，奇亦聲。〔去奇切〕

【注釋】

武牙者，虎牙也。今俗謂門齒外出為虎牙，古語也。避唐李淵之祖李虎之諱而改。從奇之字、之音者多有獨立、歧出義，如崎、歧、騎、綺（有花紋的絲織品）、畸（不方正、不規則的田地）、踦（一隻腳）等。

段注：「《大招》云：靨輔奇牙，宜笑嫣只。《淮南》云：奇牙出，靨酺搖。高注：

將笑故好齒出也。按奇牙所謂犄也。」

齲 𪘫 qǔ（齲）　　齒蠹也。从牙，禹聲。〔區禹切〕𪘫 齲，或从齒。

【注釋】

今通行重文齲字，謂牙齒被腐蝕而殘缺。段注：「《釋名》曰：齲，朽也，蟲齧之缺朽也。」

文三　重二

足部

足 𤴡 zú　　人之足也，在下。从止、口。凡足之屬皆从足。〔徐鍇曰：口象股脛之形。〕〔即玉切〕

【注釋】

本義是人的整條腿。

甲骨文作𤴡、𤴡、𤴡，楊樹達《積微居小學述林》：「股、脛、跖、跟全部為足，足从口者，象股脛周圍之形，人體股脛在上，跖跟在下，依人所視，象股脛之口當在上層，象跖跟之止在下層。文字之象形，只有平面而無立體，故只能以口上止下表之。」

蹏 𫏐 tí（蹄）　　足也。从足，虒聲。〔杜兮切〕

【注釋】

俗作蹄。

跟 𧿮 gēn　　足踵也。从足，艮聲。〔古痕切〕𧾷 跟，或从止。

【注釋】

本義是腳後跟。

踝 𫏐 huái　　足踝也。从足，果聲。〔胡瓦切〕

【注釋】

在外者謂之外踝，在內者謂之內踝。

跖 跖 zhí（蹠）　　足下也。从足，石聲。〔之石切〕

【注釋】

　　本義是腳掌，又假「蹠」為之，表腳掌「蹠」更常用。引申動詞，踩踏義，《哀郢》：「眇不知其所跖。」

踦 踦 qī　　一足也。从足，奇聲。〔去奇切〕

【注釋】

　　本義是一隻腳。「踦跂」謂瘸子也。引申偏、偏重義，如「捉衡而不踦」。單數謂之踦，今有「踦偶」。段注：「引申之凡物單曰踦。《方言》：倚、踦，奇也。」

跪 跪 guì　　拜也。从足，危聲。〔去委切〕

【注釋】

　　古之拜必下跪，《說文》：「拜，首至地也。」不同於今。引申為腳，《勸學》：「蟹六跪而二螯。」典故有「刖跪直諫」，《韓非子》：「門者刖其跪。」

跽 跽 jì　　長跪也。从足，忌聲。〔渠几切〕

【注釋】

　　跽就是跪，又叫長跪。古者席地而坐，兩膝著地臀部靠於腳跟；跪時，臀部抬起，上身挺直，故叫長跪，或作跽。《詩經》：「不遑啟處。」「啟處」猶跪坐也。啟者，跽也。處者，坐也。《說文》：「處，止也。」「坐，止也。」

　　段注：「按係於拜曰跪，不係於拜曰跽。《范睢傳》四言『秦王跽』，而後乃云『秦王再拜』是也。長跽乃古語，長俗作跟，人安坐則形弛，敬則小跪聳體若加長焉，故曰長跽。」

蹢 蹢 dí　　行平易也。从足，叔聲。《詩》曰：蹢蹢周道。〔子六切〕

【注釋】

　　平易，平也，同義連文。本義是道路平坦貌。常用音 cù，形容驚懼不安，《廣雅》：「蹢踖，敬畏也。」謂恭敬不安貌。又通「蹙」，緊迫也，如「窮蹢」。又收斂，縮也，如「蹢眉」。

躍躍 qú　行貌。从足，瞿聲。〔其俱切〕

【注釋】

躍躍，蜿蜒而行貌。

踖踖 jí　長脛行也。从足，昔聲。一曰：踧踖。〔資昔切〕

【注釋】

本義是跨越、跨步。《禮記》：「毋踖席。」「踧踖」，恭敬不安貌。

踽踽 jǔ　疏行貌。从足，禹聲。《詩》曰：獨行踽踽。〔區主切〕

【注釋】

疏行者，獨行也。《唐風》：「獨行踽踽。」毛曰：「踽踽，無所親也。」「踽踽」，孤獨貌，如「踽踽獨行」。

蹡蹡 jiāng　行貌。从足，將聲。《詩》曰：管磬蹡蹡。〔七羊切〕

【注釋】

本義是行走有節奏貌，俗字作「蹌」，又寫作「蹡」。「蹡蹡濟濟」，形容人步趨有節，多而整齊貌。「蹡蹡」，舞動騰躍貌。

躖躖 duàn　踐處也。从足，斷省聲。〔徒管切〕

【注釋】

段注：「此與畽同義，《田部》曰：畽，禽獸所踐處也。」

趴趴 fū　趣越貌。从足，卜聲。〔芳遇切〕

踰踰 yú（逾）　越也。从足，俞聲。〔羊朱切〕

跀跀 yuè　輕也。从足，戉聲。〔王伐切〕

蹻蹻 qiáo　舉足行高也。从足，喬聲。《詩》曰：小子蹻蹻。〔居勺切〕

【注釋】

即踩高蹺。從喬之字多有高大義。喬木者，高木也。如橋、驕（馬高六尺）、轎、嶠（山銳而高）等。毛曰：「蹻蹻，驕皃。」此引申之義。

踆 𢓭 shū　　疾也，長也。从足，攸聲。〔式竹切〕

【注釋】

今「倏忽」「倏而遠逝」之本字也。《說文》：「倏，走也。」非本字明矣。

蹌 𨂚 qiāng　　動也。从足，倉聲。〔七羊切〕

【注釋】

本義是動貌，《虞書》：「鳥獸蹌蹌。」「蹌蹌」，舞動騰躍貌。又作「蹡」。「蹡」「蹌」各有本義，但後世多通用，見上「蹌」字段注。今作為「踉蹌」字，表走路不穩。

踊 𨄟 yǒng（踴）　　跳也。从足，甬聲。〔余隴切〕

【注釋】

俗作踴。「踴躍」猶跳躍也，同義連文。「踴躍」謂跳躍而欣喜，今有「踴躍歡呼」，《詩經》：「踴躍用兵。」引申為登上、跳上義。引申出物價上漲義，如「踴騰」謂物價飛漲。又假腳謂之踴，如「履賤踴貴」，謂受刖刑的人多，比喻刑法嚴酷也。

躋 𨅸 jī（隮）　　登也。从足，齊聲。《商書》曰：予顛躋。〔祖雞切〕

【注釋】

俗字作隮。《爾雅》：「隮，升也。」本義是登上，又有墜落義，正反同辭也。

段注：「今《尚書》作隮。注家云：顛隕，隮墜。按升降同謂之躋，猶治亂同謂之亂，俗作隮。《顧命》：由賓階隮，《毛詩》：朝隮于西、南山朝隮，皆訓升。」

躍 𨆡 yuè（跃）　　迅也。从足，翟聲。〔以灼切〕

【注釋】

跃乃另造之俗字也。本義是跳，今有「跳躍」「踴躍」。

踡 踡 quán　　蹴也。一曰：卑也，絭也。从足，全聲。〔莊緣切〕

【注釋】

本義是踩。「一曰：卑也，絭也」者，即今之蜷縮義也，《說文》無蜷字，本字當為踡。「踡蹙」，蜷縮也。「踡局」，蜷局也。

蹴 蹴 cù　　躡也。从足，就聲。〔七宿切〕

【注釋】

段注：「玄應云：《說文》：蹴，躡也。以足逆躡之曰蹴。」本義是踩踏，今有「一蹴而就」。又踢也，今有「蹴鞠」，猶踢球也。「蹴然」者，吃驚不安貌。

躡 躡 niè　　蹈也。从足，聶聲。〔尼輒切〕

【注釋】

本義是踩，今有「躡足其間」，謂參加到裏面去。引申為登上，登上高位，如「世冑躡高位，英俊沉下僚」。又引申為跟蹤、追隨義，如「躡蹤」。

「履」「踐」都是「行走在……上」之義。「蹈」是踩踏的意思，常帶有冒險的意味，如「赴湯蹈火」「蹈海」「蹈河」；「躡」是有意識地踩上去，所以引申出登上高位義。

跨 跨 kuà　　渡也。从足，夸聲。〔苦化切〕

【注釋】

從夸之字多有張大義，夸，大也，「夸父」者，大男人也。見後「夸」字注。段注：「謂大其兩股間以有所越也，因之兩股間謂之跨下。」

蹋 蹋 tà（踏）　　踐也。从足，冢聲。〔徒蓋切〕

【注釋】

俗作踏，《說文》無踏字，本義是踩。引申為親臨現場調查，今有「踏勘」「踏看」。又有踢義，如「踏鞠」。「蹴」亦有踩、踢二義，同步引申也。

跊 跊 bù / bó　　蹈也。从足，步聲。〔旁各切，又音步〕

蹈 𧾷 dǎo　　踐也。从足，舀聲。〔徒到切〕

【注釋】

見上「蹋」字注。本義是踩踏，如「赴湯蹈火」。引申為跳義，今有「手舞足蹈」。引申出遵循義，今有「循規蹈矩」。

躔 𧾷 chán　　踐也。从足，廛聲。〔直連切〕

【注釋】

本義是踩，引申出行跡、足跡義。《廣雅》：「躔，跡也。」《吳都賦》：「未知英雄之所躔。」引申日月星辰的運行謂之躔，《方言》：「躔、歷，行也。日運為躔。」太陽運行的軌道叫「日躔」。《三字經》：「曰黃道，日所躔。」

踐 𧾷 jiàn　　履也。从足，戔聲。〔慈衍切〕

【注釋】

本義是踩踏，引申出遵守義，今有「踐行諾言」「踐約」。「蹈」亦有此二義，同步引申也。

踵 𧾷 zhǒng　　追也。从足，重聲。一曰：往來貌。〔之隴切〕

【注釋】

本義為繼承、沿襲，如「踵古」，「踵跡」猶繼承也。今作腳踵字，腳踵本字作踵，見前「踵」字注。引申到義，今有「踵門而告」「踵謝」；又有跟隨、追隨義，今有「踵至」。

踔 𧾷 chuò　　踶也。从足，卓聲。〔知教切〕

【注釋】

本義是跳，引申出超越義，如「非有踔絕之才，不能超越」。「越」亦有此二義，同步引申也。

蹛 𧾷 dài　　踶也。从足，帶聲。〔當蓋切〕

蹩 𧾷 bié　　蹴也。从足，敝聲。一曰：跛也。〔蒲結切〕

【注釋】

本義是跳。「一曰：跛也」，今有「蹩腳」，本義即跛腳也，喻指質量低劣。

踶 𧾷 dì　　䠆也。从足，是聲。〔特計切〕

【注釋】

本義是踢。又踏也。「蹴」「踏」亦有此二義，同步引申也。《通俗文》：「小蹋謂之踶。」

䠆 𧾷 wèi　　衛也。从足，衛聲。〔于歲切〕

蟄 𧾷 dié　　蟄足也。从足，執聲。〔徒叶切〕

【注釋】

絆倒也。桂馥《義證》：「蟄足者，蟄當為縶。」今「喋血」之本字也。

段注：「蟄即蹀字也，假借作嚏、作喋。《文帝紀》：新喋血京師。服虔曰：喋，音蹀，履屨之蹀。如淳曰：殺人流血滂沱為喋血。司馬貞引《廣雅》：喋，履也。然則喋血者，蟄血也，謂流血滿地污足下也。」

趾 𧾷 shì　　尌也。从足，氏聲。〔承旨切〕

蹢 𧾷 zhí　　住足也。从足，適省聲。或曰：蹢躅。賈侍中說：足垢也。〔直隻切〕

【注釋】

常用義是蹄子，《詩經》：「有豕白蹢。」段注：「蹢躅之雙聲疊韻曰踟躕、曰跢跦、曰歭躇，俗用躊躇。」

躅 𧾷 zhú　　蹢躅也。从足，蜀聲。〔直錄切〕

【注釋】

蹢躅，今踟躕、躑躅也，一語之轉。

踤 <ruby>踤<rt>zú</rt></ruby>　　觸也。从足，卒聲。一曰：駭也。一曰：蒼踤。〔昨沒切〕

【注釋】

　　本義是衝撞，如「衝踤而斷筋骨」。「一曰：蒼踤」者，若非後人所加，則「踤」乃今「猝」之本字也。《說文》：「猝，犬从草暴出逐人也。」同源詞也。

蹶 <ruby>蹶<rt>jué</rt></ruby>　　僵也。从足，厥聲。一曰：跳也。亦讀若橜。〔居月切〕 蹶蹶，或从闕。

【注釋】

　　本義是倒下，引申為挫折義，今有「一蹶不振」。又有踩踏義，如「蹶巉岩」。又有枯竭義，賈誼《論積貯疏》：「天下財產何得而不蹶。」《爾雅》：「蹶蹶，敏也。」「蹶然」謂急忙貌。

跳 <ruby>跳<rt>tiào</rt></ruby>　　蹶也。从足，兆聲。一曰：躍也。〔徒遼切〕

【注釋】

　　本義是跳躍。

跈 <ruby>跈<rt>zhēn</rt></ruby>　　動也。从足，辰聲。〔側鄰切〕

【注釋】

　　段注：「與《口部》唇、《雨部》震、《手部》振，音義略同。」從辰之字多有震動義，見後「震」字注。

躇 <ruby>躇<rt>chú</rt></ruby>（蹰）　　跱躇，不前也。从足，屠聲。〔直魚切〕

【注釋】

　　躇今作蹰，「跱躇」，今作「踟躕」「躊躇」，一語之轉也。

跲 <ruby>跲<rt>fú</rt></ruby>　　跳也。从足，弗聲。〔敷勿切〕

【注釋】

　　今方言有「踾上去」，即跳上去。《廣雅》：「踾，跳也。」

蹠 zhí（跖）　　楚人謂跳躍曰蹠。从足，庶聲。〔之石切〕

【注釋】

常用義為腳掌也，踩踏也。今簡化字與「跖」歸併為一。見「跖」字注。

踏 tà　　跢也。从足，荅聲。〔他合切〕

【注釋】

段注：「按跢當作跳。《方言》：踏，跳也。自關而西秦晉之間曰跳，或曰踏。」

踚 yào　　跳也。从足，㑾聲。〔余招切〕

【注釋】

段注：「《方言》：踚，跳也。陳鄭之間曰踚。」

跋 sà　　進足有所擷取也。从足，及聲。《爾雅》曰：跋謂之擷。〔穌合切〕

跰 bèi　　步行獵跋也。从足，貝聲。〔博蓋切〕

【注釋】

此「狼狽不堪」之本字也。「獵跋」「狼狽」，一聲之轉也。段注：「獵今之躐字，踐也。毛傳曰：跋，躐也。老狼進則躐其胡，獵跋猶踐踏也。」

躓 zhì　　跲也。从足，質聲。《詩》曰：載躓其尾。〔陟利切〕

【注釋】

本義是絆倒，今有「顛躓」。《左傳》：「杜回躓而顛。」《韓非子》：「不躓於山，而躓於垤。」泛指事情不順利、失敗，如「屢試屢躓」。

段注：「《釋言》、毛傳皆曰：疐，跲也。疐者躓之假借字。《豳風》：載疐其尾。許所據作躓。」

跲 jiá　　躓也。从足，合聲。〔居怯切〕

【注釋】

本義是絆倒，泛指受阻礙。

跩 㐲 yì　　述也。从足，世聲。〔丑列切〕

【注釋】

本義是超越。段注：「述當作迹，字之誤也。」

蹎 㙡 diān　　跋也。从足，真聲。〔都年切〕

【注釋】

此顛倒之本字也。段注：「經傳多假借顛字為之。」《說文》：「顛，頂也。」本義是頭頂，非本字明矣。

段注：「顛為最上，倒之則為最下。故《大雅》：顛沛之揭。傳曰：顛，仆也。《論語》：顛沛。馬注曰：僵仆也。《離騷》注曰：自上下曰顛。《廣雅》曰：顛，末也。」

段氏一言假借，一言引申，此類自相矛盾者不少見。段氏之假借其實包含了本有其字的通假。蹎、顛，同源詞也。

跋 㞘 bá　　蹎跋也。从足，犮聲。〔北末切〕

【注釋】

蹎跋，今「顛沛流離」之本字也。引申為翻山越嶺，今有「跋山涉水」。又有踩踏義，《詩經》：「狼跋其胡。」「跋扈」謂蠻橫也。

段注：「跋，經傳多假借沛字為之。《大雅》《論語》顛沛皆即蹎跋也。引申為近人題跋字，題者標其前，跋者係其後也。」

蹐 㵿 jí　　小步也。从足，脊聲。《詩》曰：不敢不蹐。〔資昔切〕

【注釋】

本義是走小碎步。《詩經》：「謂地蓋厚，不敢不蹐。」

跌 㠯 diē　　踼也。从足，失聲。一曰：越也。〔徒結切〕

【注釋】

本義是跌倒。「一曰：越也」，越者，過也。故有差誤義，《荀子》：「此夫過舉蹞步而覺跌千里。」又有下降、低落義，如「跌落」「水位下跌」。又頓足、踩義，如「跌足大歎」。又有腳掌義，如「跗踏摩跌」。「跌宕」謂放縱不羈，如「生性跌宕」。

踼 𧾊 táng   跌踼也。从足，昜聲。一曰：搶也。〔徒郎切〕

【注釋】

本義是跌倒。「跌踼」，今作「跌宕」，放蕩不羈貌。

蹲 𧾷 dūn   踞也。从足，尊聲。〔徂尊切〕

踞 𧺳 jù   蹲也。从足，居聲。〔居御切〕

【注釋】

本義是蹲下，如「龍蟠虎踞」。「箕踞」，古人席地而坐，把兩腿叉開像八字形分開，是一種不拘禮節的做法。引申有佔據義，今有「盤踞」。

跨 𧿧 kuà（跨）   踞也。从足，夸聲。〔苦化切〕

【注釋】

今作跨字。段注：「按此恐又跨字之異體。」

躩 𧿟 jué   足躩如也。从足，矍聲。〔丘縛切〕

【注釋】

跳躍也，如「躩躍」。

踣 𧾷 bó   僵也。从足，咅聲。《春秋傳》：晉人踣之。〔蒲北切〕

【注釋】

僵者，倒下也。本義是跌倒，今有「屢踣屢起」。段注：「踣與仆音義皆同。孫炎：前覆曰仆。《左傳正義》曰：前覆謂之踣。對文則偃與仆別，散文則通也。《走部》赴同。」

跛 𨂈 bǒ　　行不正也。从足，皮聲。一曰：足排之。讀若彼。〔布火切〕

【注釋】

本義是瘸一條腿，引申偏、偏袒義，如「跛倚」，同義連文。《禮記》：「遊毋倨，立毋跛。」

蹇 𨇤 jiǎn　　跛也。从足，寒省聲。〔臣鉉等案：《易》：王臣蹇蹇。今俗作謇，非。〕〔九輦切〕

【注釋】

本義是跛腳，行路困難，「蹇驢」即跛驢也。後代指劣馬或跛驢，如「策蹇赴前程」。引申為困難義，今有「蹇難」，同義連文。

段注：「《易》曰：蹇，難也。行難謂之蹇，言難亦謂之蹇，俗作謇，非。」

蹁 𨁚 pián　　足不正也。从足，扁聲。一曰：拖後足馬。讀若苹。或曰：徧。〔部田切〕

【注釋】

本義是腳不正。「蹁躚」，形容跳舞的姿態。「聯蹁」，猶聯翩也。

踤 𨁢 kuí　　脛肉也。一曰：曲脛也。从足，夅聲。讀若達。〔渠達切〕

蹝 𨁹 wō　　足跌也。从足，委聲。〔烏過切〕

【注釋】

本義是足折傷。今有「蹝腳」「蹝閃」。今河南方言仍有此語。

段注：「跌當為胅，字之誤也。《肉部》曰：胅，骨差也。蹝者，骨委屈失其常，故曰胅，亦曰差跌。」

跣 𨁫 xiǎn　　足親地也。从足，先聲。〔穌典切〕

【注釋】

腳挨著地，是未著襪也，故赤腳為跣。《說文》：「洗，洒足也。」洗之本義為洗腳，洗腳必先脫襪，故洗、跣同源詞也。

段注：「古者坐必脫屨，燕（宴）坐必襪襪，皆謂之跣。如『趙盾侍君燕，跣以下』，此襪襪之跣也。如『晉悼公跣而出』，此不暇屨之跣也。《喪大記》：主人徒跣。亦謂襪襪。」

跔 𨂇 jū　　天寒足跔也。从足，句聲。〔其俱切〕

【注釋】

跔者，句曲不伸之意。從句之字多有彎曲義，見後「句」字注。

踙 𨂰 kǔn　　瘃足也。从足，困聲。〔苦本切〕

距 𨁕 jù　　雞踞也。从足，巨聲。〔其呂切〕

【注釋】

本義是雞爪子後面突出像腳趾的部分。

段注：「《左傳》：季氏介其雞，郈氏為之金距。服曰：以金沓距也。按鳥距如人與獸之叉，此距與《止部》之歫異義，他家多以距為歫。」

常用義到也，《史記》：「不至四五日而距國也。」《廣雅》：「距，至也。」離開也，如「距今三日」，今有「距離」。到和離開二義相反，正反同辭也。常通「拒」，抗拒、抵禦也。

躧 𨅂 xǐ（屣）　　舞履也。从足，麗聲。〔所綺切〕𩎝 或从革。

【注釋】

後作為屣之異體字。本義是鞋，引申動詞拖著鞋，如「衣不及帶，屣履而出」。

踞 𨂵 xiā　　足所履也。从足，叚聲。〔乎加切〕

跰 𨃇 fēi（荆）　　踦也。从足，非聲。讀若匪。〔扶味切〕

【注釋】

字亦作荆。

朋 𨅆 yuè（刖）　　斷足也。从足，月聲。〔魚厥切〕𨃑 朋，或从兀。

【注釋】

　　周代的臏刑其實是砍掉雙腳，非挖去膝蓋骨，其實即刖刑，稱「臏」，沿用舊稱而已。戰國孫臏，受的是砍掉雙腳之刑。見後「髕」字注。

　　段注：「此與《刀部》刖異義。刖，絕也。經傳多以刖為跀。《周禮・司刑》注云：『周改臏作刖。』按唐虞夏刑用髕，去其膝頭骨也。周用跀，斷足也。凡於周言臏者，舉本名也。髕則足廢不能行，跀則用踦尚可行，故跀輕於髕也。」

　　趽 fāng　　曲脛馬。从足，方聲。讀與彭同。〔薄庚切〕

　　趹 jué　　馬行貌。从足，決省聲。〔古穴切〕

　　趼 yàn　　獸足企也。从足，幵聲。〔五甸切〕

【注釋】

　　段注：「獸腳前面著地。」王筠《句讀》：「獸足率前後皆著地，企則前面著地而已。」趼，又音 jiǎn，手或腳上因長久磨擦而生的硬皮，如「趼子」「老趼」。

　　路 lù　　道也。从足，从各。〔臣鉉等曰：言道路人各有適也。〕〔洛故切〕

【注釋】

　　本義是大路。段注：「《釋宮》：一達謂之道路。此統言也。《周禮》：澮上有道，川上有路。此析言也。《爾雅》、毛傳：路，大也。此引申之義也。」

　　「路」有大義，如「路車」，謂國君乘的大車。「路」有車義，如「篳路藍縷」，本字當做「輅」。又宋元時代行政區劃名，宋代的路相當於今之省，元代的路相當於今之地區。見「徑」字注。

　　蹸 lìn（躪）　　轢也。从足，粦聲。〔良忍切〕

【注釋】

　　今「蹂躪」之古字也。本義是車碾壓。

　　跂 qí　　足多指也。从足，支聲。〔巨支切〕

【注釋】

本義是腳多指。泛指腳，「跂行」謂用腳走路。又指踮著腳站著，如「跂望」。段注：「《莊子》：駢拇枝指。字只作枝，跂蓋俗體。」

文八十五　重四

蹮 xiān（躚）　蹁蹮，旋行。从足，䙴聲。〔穌前切〕

【注釋】

同「躚」。蹁蹮，形容旋轉舞動貌。

蹭 cèng　蹭蹬，失道也。从足，曾聲。〔七鄧切〕

【注釋】

蹭蹬，失勢的樣子，引申為遭遇挫折，如「蹭蹬遭讒毀」。

蹬 dèng　蹭蹬也。从足，登聲。〔徒亙切〕

蹉 cuō　蹉跎，失時也。从足，差聲。〔臣鉉等案：經史通用差池，此亦後人所加。〕〔七何切〕

【注釋】

蹉有兩義，本義是失足跌倒，今常「蹉跎」連用，《廣雅》：「蹉跎，失足也。」如「中道蹉跎」。引申為差錯，如「日用爽蹉」。「蹉跎」有虛度光陰義，如「日月蹉跎，老將至矣」「萬事成蹉跎」。

跎 tuó　蹉跎也。从足，它聲。〔徒何切〕

蹙 cù　迫也。从足，戚聲。〔臣鉉等案：李善《文選注》通蹴字。〕〔子六切〕

【注釋】

古人一個單音詞「迫」，意義豐富。急促、緊迫也，如「蹙急」；又緊縮、收斂也，如「蹙眉」；又窘迫也，如「窮蹙」。

踸 chěn　　踸踔，行無常貌。从足，甚聲。〔丑甚切〕

【注釋】

無常，不平也。「踸踔」謂一腳跳行、跛腳走路貌。

文七　新附

疋部

疋 shū　　足也。上象腓腸，下从止。《弟子職》曰：「問疋何止？」古文以為《詩·大疋》字，亦以為足字，或曰胥字。一曰：疋，記也。凡疋之屬皆从疋。〔所菹切〕

【注釋】

徐灝注箋：「疋乃足之別體，所菹切，亦足之轉聲。」疋常用作「雅」字、「匹」字、「足」字。

䟼 shū　　門戶疏窗也。从疋，疋亦聲。囱象䟼形。讀若疏。〔所菹切〕

【注釋】

《西北有高樓》：「交疏結綺窗。」疏有窗戶義，本字當作䟼。「讀若疏」，許書有以讀若破假借之例。段氏恪守其「讀若注音，讀為破字」之說而不予認可，實則此例夥矣。

𤕟 shū　　通也。从㸚，从疋，疋亦聲。〔所菹切〕

【注釋】

《說文》：「疏，通也。」段注：「此與疏音義皆同。」

文三

品部

品 pǐn　　眾庶也。从三口。凡品之屬皆从品。〔丕飲切〕

【注釋】

眾、庶同義連文，多也。品有眾多義，「品物流行」謂眾物也。品者，類也，今

有「品類」「品種」；等也，級也，今有「品級」「幾品官」。物也，今有「物品」「商品」「贈品」。評也，今有「品評」。

咠 niè　　多言也。从品相連。《春秋傳》曰：次於咠北。讀與聶同。〔尼輒切〕

【注釋】

段注：「此與《言部》讘音義皆同。」此「讘」之初文也，《說文》有異部重文之例。

喿 zào　　鳥群鳴也。从品在木上。〔穌到切〕

【注釋】

此聒噪之初文也。段注：「此與𦄂同意，俗作噪。《方言》假喿為鍫臿字。」

文三

龠部

龠 yuè　　樂之竹管，三孔，以和眾聲也。从品、侖。侖，理也。凡龠之屬皆从龠。〔以灼切〕

【注釋】

此籥之初文也。籥是古代的一種管樂器，形狀像簫。段注：「今經傳多用籥字。」又古代容量單位，一龠等於半合，合是升的十分之一。古代有五量，即龠、合、升、斗、斛。龠是管樂，樂是弦樂。

龡 chuī　　龡音律管塤之樂也。从龠，炊聲。〔昌垂切〕

【注釋】

本義是吹奏的樂器。此「吹奏樂器」「鼓吹曲詞」之後起本字也。以人氣作音曰吹。徐灝注箋：「龡省作歍，古通作吹。」音律謂五音六律。

龘 chí（篪）　　管樂也。从龠，虒聲。〔直離切〕篪 龘，或从竹。

【注釋】

今通行重文篪，如「快馬健兒，不如老嫗吹篪」。篪是古代的竹管樂器，像笛子，

有六孔，即竹塤。據《周禮》鄭玄注：「籈，如管，六孔。」又指一種竹子，《水經注》：「山多籈竹。」

龢 𪛊 hé（和）　　調也。从龠，禾聲。讀與和同。〔戶戈切〕

【注釋】

此調和、和諧之本字也。今簡化漢字廢。段注：「《言部》曰：調，龢也。此與《口部》和音同義別，經傳多假和為龢。」《說文》：「和，相應也。」和之本義乃應和。

《說文》：「盉，調味也。」段注：「調聲曰龢，調味曰盉，今則和行而龢、盉皆廢矣。」龢常作為人名用字，如翁同龢、董同龢。「讀與和同」，破假借也。

龤 𪛌 xié　　樂和龤也。从龠，皆聲。《虞書》曰：八音克龤。〔戶皆切〕

【注釋】

諧、龤聲近義通，同源詞也。《說文》：「諧，詥也。」「詥，諧也。」段注：「龤龢作諧和者，皆古今字變，許說其未變之義。各書多用諧為龤。」

文五　重一

冊部

冊 𣜜 cè　　符命也。諸侯進受於王也。象其札一長一短，中有二編之形。凡冊之屬皆从冊。〔楚革切〕𥾝 古文冊，从竹。

【注釋】

冊的本義是書簡。後人多假策為之。引申為帝王對臣下封賞的文書，今有「冊命」「冊封」。

嗣 𡠢 sì　　諸侯嗣國也。从冊，从口，司聲。〔徐鍇曰：冊必於廟，史讀其冊，故从口。〕〔祥吏切〕𠭯 古文嗣，从子。

【注釋】

本義是諸侯繼承國君之位。引申有繼承、後代義。又引申隨後義，今有「嗣後」，即隨後也。曹操《蒿里行》：「勢力使人爭，嗣還自相戕。」

扁 扁 biǎn　　署也。从戶、冊。戶冊者，署門戶之文也。〔方沔切〕

【注釋】

本義是在門戶上題字，引申在上題字之物也叫扁，後作「匾」。古人有輪扁，春秋時齊國人，名扁，善作輪，後指藝精的名匠。古者平民無姓，職業加名字即其稱呼，庖丁、弈秋、優孟皆是也。

文三　重二

卷三上

五十三部 文六百三十 重百四十五 凡八千六百八十四字 文十六新附

品部

品 〔品〕jí　　眾口也。从四口。凡品之屬皆从品。讀若戢。〔阻立切〕又讀若呶。

【注釋】

一口為口，二口為吅（喧之古字），三口為品，四口為品。

嚚 〔嚚〕yín　　語聲也。从品，臣聲。〔語巾切〕〔嚚〕古文嚚。

【注釋】

常用義為愚蠢而頑固。《尚書·堯典》：「（舜）父頑，母嚚，象傲。」後以「頑父嚚母」指愚頑暴虐的家長。引申有奸詐義，如「凶嚚」。

囂 〔囂〕xiāo　　聲也。氣出頭上。从品，从頁。頁，首也。〔許嬌切〕〔囂〕囂，或省。

【注釋】

本義是喧嘩吵鬧。

嘂 〔嘂〕jiào　　高聲也。一曰：大呼也。从品，丩聲。《春秋公羊傳》曰：魯昭公嘂然而哭。〔古弔切〕

－245－

【注釋】

叫、呧音近義通。段注：「此與《口部》叫、噭聲同義異。」

嚾 𤲟 huàn（喚）　　呼也。从㗊，萈聲。讀若讙。〔呼官切〕

【注釋】

今呼喚之古字也。段注：「《說文》無喚字，嚾、喚古今字也。」

器 𢄪 qì　　皿也。像器之口，犬所以守之。〔去冀切〕

【注釋】

本義是器皿，引申為才幹、才，今有「不成器」。引申為度量，今有「器量」「器宇軒昂」。動詞有器重義，如「朝廷甚器之」。

段注：「《皿部》曰：皿，飯食之用器也。然則皿專謂食器，器乃凡器統偁。」

文六　重二

舌部

舌 𠯑 shé　　在口，所以言也，別味也。从干，从口，干亦聲。凡舌之屬皆从舌。〔徐鍇曰：凡物入口，必干於舌，故从干。〕〔食列切〕

舚 𦧈 tà　　歠也。从舌，沓聲。〔他合切〕

舓 𦧧 shì（舐）　　以舌取食也。从舌，易聲。〔神旨切〕𧉉 舓，或从也。

【注釋】

今「老牛舐犢」之古字也。《說文》無舐字。

文三　重一

干部

干 𢆉 gān　　犯也。从反入，从一。凡干之屬皆从干。〔古寒切〕

【注釋】

　　甲骨文作 ᛉ、ᚦ、ᚠ，早期字形象有枝杈的木棒形，古人狩獵作戰，以干為武器。後期字形更象盾牌。干之本義是盾牌，「干戈」一詞保留本義。

　　常用義是冒犯、衝犯，今有「豪氣干雲」。又求取義，《爾雅》：「干、流，求也。」唐代有《干祿字書》。又水邊也，《詩經》：「置之河之干兮。」杜甫詩：「漫勞車馬駐江干。」

　　段注：「《毛詩》干旄、干旌，假為竿字。」徐灝《注箋》：「疑干即古竿字，亦即古杆字。干之用為扞，與支拒同義，引申為干犯之稱。相犯必相近，故凡事之相涉曰相干，而干求之義生焉。」楊樹達《積微居小學述林》：「象器分枝可以刺人及有柄之形。」

　　古干、乾、幹、榦字區別判然，今簡化統作干。干者，犯也，求也，凡干犯、干求、天干等字不能作後三者。乾者，乾濕、餅乾、外強中乾字也。幹者，動詞做也，幹活、幹部用之，不能用其餘三者。名詞義樹幹、主幹，可用榦字。

　　羊 ᛃ rěn　　撆也。从干，入一為干，入二為羊。讀若能。言稍甚也。〔如審切〕

　　屰 ᚬ nì　　不順也。从干，下屮，屰之也。〔魚戟切〕

【注釋】

　　屰為逆之初文，從屰之字，如朔，始也。月之一日為朔，謂迎接一月之到來也。段注：「後人多用逆，逆行而屰廢矣。」逆之本義是迎接，迎必逆人之方向。屰、逆、朔同源詞也。

　　文三

谷部

　　谷 ᚦ jué（臄）　　口上阿也。从口，上象其理。凡谷之屬皆从谷。〔其虐切〕 ᚠ 谷，或如此。 ᚢ 或从肉，从豦。

【注釋】

　　卻從此聲。阿，彎曲也。今通行重文臄，本義是口內上齶彎曲處。引申為口邊肉，一說舌也。《詩經·大雅·行葦》：「嘉肴脾臄，或歌或咢。」「脾臄」，後指牲體的內臟和口舌，借指美味的菜肴。

西 西 tiàn　　舌貌。从谷省，象形。〔他念切〕西 古文西。讀若三年導服之導。一曰：竹上皮，讀若沾。一曰：讀若誓，弼字从此。

文二　重三

只部

只 只 zhǐ　　語已詞也。从口，象气下引之形。凡只之屬皆从只。〔諸氏切〕

【注釋】

表示結束語氣的詞。

段注：「《庸風》：母也天只，不諒人只。亦借為是字，《小雅》：樂只君子。箋云：只之言是也。《王風》：其樂只且。箋云：其且樂此而已。宋人詩用只為衹字，但也。今人仍之，讀如隻。」

只（語氣詞）、衹（衹是）、隻（一隻鳥）三字古正統文獻鮮通用，後皆簡化為只。僅僅、只有義的「只」，宋代以前多寫作「衹」「祇」「秖」。

敷 敷 xīng　　聲也。从只，卑聲。讀若聲。〔呼形切〕

【注釋】

「聲也」者，語氣詞也。此「寧馨兒」之本字也。唐宋作「生」，如「作麼生」。《蘆浦筆記》：「予讀《世說》，見晉人言多帶馨字，只如今人說怎地。」

段注：「謂語聲也，晉宋人多用馨字，若『冷如鬼手馨，強來捉人臂』『何物老嫗，生此寧馨兒』，是也。馨行而敷廢矣。隋唐後則又無馨語，此古今之變也。」

文二

商部

商 商 nè　　言之訥也。从口，从內。凡商之屬皆从商。〔女滑切〕

【注釋】

此「木訥」之初文也。段注：「此與《言部》訥音義皆同，故以訥釋商。」

矞 yù 以錐有所穿也。从矛，从冏。一曰：滿有所出也。〔余律切〕

【注釋】

常用義是彩雲，古人認為祥瑞，如「矞雲」。「矞雪」謂瑞雪也。

商 shāng 从外知內也。从冏，章省聲。〔式陽切〕 古文商。 亦古文商。 籀文商。

【注釋】

商者，章也，明也，從外知內、了了章著曰商。故生意人曰商人，謂其能明瞭遠近，通四方之物也。古行走曰商，坐攤曰賈，故有「行商坐賈」之說。《白虎通·商賈》：「商之為言章也，章其遠近，度其有亡，通四方之物，故謂之為商也。賈之為言固也，固其有用之物，待以民來，以求其利者也。」

《說文》另有𧶽字，曰：「行賈也。」此乃商人之專用字，所謂後起本字是也，然文獻多不用。引申為計算、估量義，今有「商量」，同義連文。又有商討義，今有「商討」，同義連文。代指秋天，因肅殺故稱，「商飆」謂秋風也。

文三 重三

句部

句 gōu / jù 曲也。从口，丩聲。凡句之屬皆从句。〔古侯切〕，又〔久遇切〕

【注釋】

句俗字作勾。如高句麗、越王句踐等，今分化為二字二音。

段注：「凡曲折之物，侈為倨，斂為句。凡地名有句字者皆謂山川紆曲，如句容、句章、句餘、高句驪皆是也。凡章句之句亦取稽留可鉤乙之意。古音總如鉤，後人句曲音鉤，章句音屨，又改句曲字為勾，此淺俗分別，不可與道古也。」

從句（勾）之字、之音多有彎曲義，如溝（田間水道）、狗、鉤（金屬曲也）、佝（背彎曲）、笱（曲竹捕魚具）、拘（以手止之也）、駒、羔。古者小動物都叫狗，《爾雅》：「熊虎醜（類），其子狗。」小動物體多柔軟彎曲，故稱。小羊為羔，小馬為駒。

拘 jū 止也。从句，从手，句亦聲。〔舉朱切〕

【注釋】

止者，限也，今有「拘泥」「拘束」保留本義。

笱 𥬲 gǒu   曲竹捕魚笱也。从竹，从句，句亦聲。〔古厚切〕

【注釋】

捕魚的竹筐，魚入則不得出，類似今捕魚之地籠。

鉤 𨮯 gōu（鈎）   曲鉤也。从金，从句，句亦聲。〔古侯切〕

【注釋】

俗字作鈎，今簡化字採之。曲物曰鉤，因之以鉤取物亦曰鉤。

段注：「句之屬三字皆會意兼形聲，不入手、竹、金部者，會意合二字為一字，必以所重為主。三字皆重句，故入《句部》。」

文四

丩部

丩 𠃚 jiū   相糾繚也。一曰：瓜瓠結丩起。象形。凡丩之屬从丩。〔居虯切〕

【注釋】

此「糾」之初文也。糾，纏繞也。

茻 𦰠 jiū   艸之相丩者。从茻，从丩，丩亦聲。〔居虯切〕

糾 𦃃 jiū   繩三合也。从糸、丩。〔居黝切〕

【注釋】

本義是繩子，即三股繩。古繩多為三股，叫組。《詩經》：「執轡如組，兩驂如舞。」古車制，御者左右手各執三根轡繩，詩中形容駕馭水平之高，如執一根三股繩子。

糾之常用義，纏繞也，今有「糾纏」；查也，今有「糾察隊」；矯正也，今有「糾正」；聚集也，今有「糾集」；檢舉也，如「為有司所糾」。

文三

古部

古 古 gǔ　　故也。从十、口，識言前者也。凡古之屬皆从古。〔臣鉉等曰：十口所傳，是前言也。〕〔公戶切〕𠖎 古文古。

【注釋】

段注：「按故者，凡事之所以然，而所以然皆備於古，故曰：古，故也。」

嘏 嘏 jiǎ　　大遠也。从古，叚聲。〔古雅切〕

【注釋】

《爾雅》：「嘏，大也。」經典多借「假」字為之。段注：「經傳嘏字多謂祭祀致福，其本訓則謂大遠。《爾雅》《毛傳》：假，大也。假蓋即嘏之假借。」

文二 重一

十部

十 十 shí　　數之具也。一為東西，丨為南北，則四方中央備矣。凡十之屬皆从十。〔是執切〕

【注釋】

甲骨文作丨，金文作𐄁，于省吾《甲骨文字釋林》：「十字初形本為直畫，繼而中間加肥，後則加點為飾，又由點孳化為小橫。數至十後反為一，但既已進位，恐其與一混，故直畫之。」

丈 𠀋 zhàng　　十尺也。从又持十。〔直兩切〕

【注釋】

段注：「《夫部》曰：周制八寸為尺，十尺為丈，人長八尺，故曰丈夫。然則伸臂一尋，周之丈也，故从又持十。」引申出測量義，今有「丈量」「丈地」。見「尺」字注。

千 𠦃 qiān　　十百也。从十，从人。〔此先切〕

肸 𦙄 xì　　響，布也。从十，从兮。〔臣鉉等曰：兮，振兮也。〕〔羲乙切〕

【注釋】

連篆為讀，肸響，布也。常作「肸蠁」，分布、散佈也，多指聲響、氣體的傳播。

尌 尌 jí 尌尌，盛也。从十，从甚。汝南名蠶盛曰尌。〔子入切〕

【注釋】

此「人才濟濟」「濟濟一堂」之本字也。濟濟，多貌。《說文》：「濟，水也。」本義為水名，非本字明矣。

博 博 bó 大通也。从十，从尃。尃，布也。〔補各切〕

【注釋】

常用義是廣泛，今有「旁徵博引」；廣則多，如「地大物博」，晉張華有《博物誌》；又有賭博義，引申出換取義，今有「博取功名」「博得生前身後名」。

劦 劦 lè 材十人也。从十，力聲。〔盧則切〕

【注釋】

才能十倍於人為劦，千倍於人為俊，萬倍於人為英。段注：「十人為劦，千人為俊。」

廿 廿 niàn 二十並也。古文省。〔人汁切〕

【注釋】

郭沫若《甲骨文字研究》：「十之倍數，古文多合書。」許書有「即形即義」之體例，如「皕，二百也」。

戢 戢 jí 詞之戢矣。从十，咠聲。〔秦入切〕

文九

卅部

卅 卅 sà（卅） 三十並也。古文省。凡卅之屬皆从卅。〔蘇沓切〕

世 世 shì　　三十年為一世。从卅而曳長之，亦取其聲也。〔舒制切〕

【注釋】

世之本義為三十年。古者男子三十曰壯，合娶妻生子，故父子相承為一世，一世又稱為一代。唐人避李世民諱，多改世為代。

段注：「《論語》：如有王者，必世而後仁。孔曰：三十年曰世。按父子相繼曰世，其引申之義也。」

金文作 ⎷，林義光《文源》：「當為葉之古文，象莖及葉之形，草木之葉重累百迭，故引申為世代之世，字亦作葉。」今仍有「某世紀中葉」之說，「中葉」即中世也。世實乃葉之初文也。

引申出繼承義，《漢書》：「賈嘉最好學，世其家。」「世祿」「世交」謂世代相承的。有一生、一輩子義，今有「今生今世」「終世」，終生也。又有年、歲義，《漢書》：「世之有饑穰，天之行也。」又有時代義，如「不通世務」「世異則備變」。

文二

言部

言 𧮫 yán　　直言曰言，論難曰語。从口，辛聲。凡言之屬皆从言。〔語軒切〕

【注釋】

論難者，辯論也。言作偏旁時，簡化漢字作讠，乃草書楷化字形。引申之，一句話為一言，如「不發一言」「一言為定」，《論語》：「《詩》三百，一言以蔽之：思無邪。」一個字也為一言，如「五言詩」「萬言書」。又動詞詞頭，今有「言歸於好」。

𧮵 𧮵 yīng　　聲也。从言，嬰聲。〔烏莖切〕

【注釋】

小聲也，從嬰之字多有小義，見「嫛」字注。

謦 謦 qǐng　　欬也。从言，殸聲。殸，籀文磬字。〔去挺切〕

【注釋】

謦欬，輕輕咳嗽，借指談笑，如「面聆謦欬」「久違謦欬」。

語 𦕼 yǔ　　論也。从言，吾聲。〔魚舉切〕

【注釋】

論難曰語，本義是辯論。從吾之字多有相對義，見前「齬」字注。引申為諺語、俗語，如「語曰：……」。

談 𧩙 tán　　語也。从言，炎聲。〔徒甘切〕

謂 𧨦 wèi　　報也。从言，胃聲。〔于貴切〕

【注釋】

謂之本義是評論。《論語》：「子謂《韶》，盡美矣，又盡善也。謂《武》，盡美矣，未盡善也。」用的正是評論義。引申認為、以為義，通「為」，《上皇帝萬言書》：「竊謂在位之人才不足。」

段注：「謂者，論人論事得其實也。如《論語》謂韶、謂武子、謂子賤子、謂仲弓、其斯之謂與，《大學》：此謂身不修不可以齊其家。」

諒 𧩹 liàng　　信也。从言，京聲。〔力讓切〕

【注釋】

本義為誠信。《爾雅》：「諒，信也。」益者三友，友直，友諒，友多聞。古人有陳友諒，其弟陳友直。經傳或假「亮」為諒，《爾雅》：「亮，信也。」「諒闇」或作「亮闇」，帝王居喪也。引申出體會、原諒義，今有「體諒」「見諒」。引申出推想義，如「諒他不敢來」。引申出確實義，「信」亦有此二義，同步引申也。

詵 𧮏 shēn　　致言也。从言，从先，先亦聲。《詩》曰：螽斯羽，詵詵兮。〔所臻切〕

【注釋】

致言，眾人紛紛傳言也。常表眾多貌，同「莘莘」。

請 𧪐 qǐng　　謁也。从言，青聲。〔七井切〕

【注釋】

本義為拜訪。《史記·魏公子列傳》：「公子往，數請之，朱亥故不復謝。」段注：「《周禮》：春朝秋覲。漢改為春朝秋請。」

常用義是請求，另有告訴義，《爾雅》：「請，告也。」告有告訴義，也有請求義，今有「告假」「告饒」。「謁」亦有此請求、告訴、拜見三義，同步引申也。「請」在先秦常用為敬辭，表示「請您允許我幹某事」，與請求義別。

謁 䛷 yè　　白也。从言，曷聲。〔於歇切〕

【注釋】

本義為稟告、陳述。常用義是拜見，今有「拜謁」「干謁」。又有名帖義，把自己的姓名、籍貫、爵位和要說的事情寫成名片，進見時用。《史記》：「使者懼而失謁。」

段注：「按謁者，若後人書刺，自言爵里姓名並列所白事。」見上「請」字注。

許 䚢 xǔ　　聽也。从言，午聲。〔虛呂切〕

【注釋】

本義是應允、許可。常用義處所也，乃「所」之借字，今有「何許人也」。這樣也，常「如許」連用，如「問渠那得清如許」。又用在數字後面，表大約數，柳宗元《小石潭記》：「潭中魚可百許頭。」又句末語氣詞，如「一生長恨奈何許」。

段注：「耳與聲相入曰聽，引申之凡順從曰聽。許，或假為所，又為鄦之叚借字。」今姓氏許本字當作鄦，見「鄦」字注。

楊樹達《積微居小學述林》：「許君以聽釋許，非其朔義也。今謂許从午聲，午即杵之象形，字从言从午，謂舂者送杵之聲。舉杵勸力有聲，許字之本義也。口有言而聲應之，故引申義為聽。」《詩經》：「伐木許許。」訓為伐木聲，概與此勸杵聲略仿也。

諾 䛧 nuò　　䧹也。从言，若聲。〔奴各切〕

【注釋】

今有「唯唯諾諾」。劉心源《奇觚室吉金文述》：「若即諾之古文，既从口，又从言，於義為贅，知諾為後出字也。」

䧹 應 yìng　　以言對也。从言，雁聲。〔於誠切〕

【注釋】

䧹，今應對之本字也。《說文·心部》：「應，當也。」應，應當之本字也。今䧹、應均簡化為应。雁，鷹之異體字。

讎 chóu　　猶應也。从言，雔聲。〔市流切〕

【注釋】

此應酬、酬謝之本字也。《說文》：「酬，主人進客也。」本義是主人向客人回敬酒，非本字明矣。讎本義是應答，《詩經》：「無言不讎。」引申為仇敵，引申為售出去、賣出去，如《高祖本紀》：「高祖每沽留飲，酒讎數倍。」今「校讎」者，一人持本，一人讀書，若冤家相對。校對乃二人之事，故名。

段注：「凡漢人作注云猶者，皆義隔而通之。如《公》《穀》皆云：孫，猶孫也。謂此子孫字同孫遁之孫。《鄭風》傳：漂，猶吹也。謂漂本訓浮，因吹而浮，故同首章之吹。凡鄭君、高誘等每言猶者皆同此，許造《說文》不比注經傳，故徑說字義不言猶。」

諸 zhū　　辯也。从言，者聲。〔章魚切〕

【注釋】

段注謂「辯也」當作「辨詞也」，「諸」是表示區別的虛詞。常用義是眾多，今有「諸位」，「諸侯」謂眾多的侯。

詩 shī　　志也。从言，寺聲。〔書之切〕𧦇古文詩省。

讖 chèn　　驗也。从言，韱聲。〔楚蔭切〕

【注釋】

本義是將來會應驗的預言或預兆。今有「讖語」，謂應驗的話，又「一語成讖」。「讖緯之學」，講預言應驗之類的學說。段注：「驗本馬名，蓋即譣之假借。」

諷 fēng　　誦也。从言，風聲。〔芳奉切〕

【注釋】

本義是背誦，非諷刺也。常用義是用委婉的話進諫，如「鄒忌諷秦王納諫」。
段注：「背文曰諷，以聲節之曰誦。謂不開讀也，誦則非直背文，又為吟詠以聲

節之。《周禮》經注析言之，諷、誦是二。許統言之，諷、誦是一也。」

誦 誦 sòng　　諷也。从言，甬聲。〔似用切〕

【注釋】

　　本義是背誦。引申為述說、陳述，今有「傳誦」「稱誦」。引申有詩篇義，蓋詩篇多朗讀之，《詩經》：「吉父作誦，以究王凶。」又有公開義，通「訟」，「誦言」謂公然言說。

讀 讀 dú　　誦書也。从言，賣聲。〔徒谷切〕

【注釋】

　　讀的本義，是不僅會背，而且能理解其意義。段注改作「籀書也」，云：「籀各本作誦，此淺人改也，今正。」

　　賣（音 yù）作偏旁時隸變作賣，與賣同形，如贖、犢、瀆、牘等，古喻母四等歸定母。簡體字读乃草書楷化字形。

意 䓶 yì　　快也。从言，从中。〔於力切〕

【注釋】

　　意字從䓶，非從音，隸變故也。

訓 訓 xùn　　說教也。从言，川聲。〔許運切〕

【注釋】

　　段注：「說教者，說釋而教之，必順其理，引申之凡順皆曰訓。」本義是教導，今有「教訓」，同義連文。又標準也，今有「不足為訓」。

誨 誨 huì　　曉教也。从言，每聲。〔荒內切〕

【注釋】

　　本義是教導，孔子「自行束脩以上，吾未嘗無誨矣」，今有「誨人不倦」。段注：「曉之以破其晦是曰誨。」

譔 𧬝 zhuàn　　專教也。从言，巽聲。〔此緣切〕

【注釋】

常用義是撰寫，通「撰」。《漢書‧揚雄傳》：「譔以為十三卷。」注：「與撰同。」

譬 𤲬 pì　　諭也。从言，辟聲。〔匹至切〕

【注釋】

本義為告訴、使明白，如「譬解」「譬說」等。瞭解、領會亦謂之譬，今有「譬喻」，如「言之者雖誠，而聞之者未譬」。「諭」也有明白、打比方二義，同步引申也。

諺 𧭈 yuàn　　徐語也。从言，原聲。《孟子》曰：故諺諺而來。〔魚怨切〕

【注釋】

今「源源不斷」之本字。「源」本義是水源，非本字明矣。

段注：「《萬章》篇文，趙曰：如流水之與源通。據此，諺本作源，源古作原。」

詇 𧮝 yāng　　早知也。从言，央聲。〔於亮切〕

【注釋】

本義是早知。常用義求告也，今「央求」之本字。《說文》：「央，中央也。」非本字明矣。

諭 𧮲 yù（喻）　　告也。从言，俞聲。〔羊戍切〕

【注釋】

本義是告訴，使明白。如「曉喻」「皇上口諭」。產生出明白義，今有「家喻戶曉」。諭、喻本一字之異體，《說文》無喻。後分別異用，比喻的意義用喻，告訴的意義用諭。見「譬」字注。

段注：「凡曉諭人者，皆舉其所易明也。《周禮‧掌交》注曰：諭，告曉也。曉之曰諭，其人因言而曉亦曰諭，諭或作喻。」

詖 𧭥 bì　　辯論也。古文以為頗字。从言，皮聲。〔彼義切〕

【注釋】

段注：「此詖字正義。皮，剝取獸革也。柀，析也。凡从皮之字皆有分析之意，故詖為辯論也。」常用義是邪僻，即「古文以為頗字」也。

諄 zhūn　告曉之孰也。从言，享聲。讀若庉。〔章倫切〕

【注釋】

「告曉之孰」謂詳細地告明。享聲，見「犉」字注。本義是懇切，今有「諄諄教誨」。「言者諄諄，聽者藐藐」，謂說的人很誠懇，聽的人卻不放在心上。又「諄諄」，遲鈍貌，《左傳》：「年未盈五十，而諄諄焉若八九十。」引申有輔助義，《國語·晉語》：「曾孫蒯聵以諄趙鞅之故。」

𧩁 chí　語諄𧩁也。从言，屖聲。〔直離切〕

【注釋】

本義是說話遲鈍。「諄𧩁」同義連文。「諄」有遲鈍義，見上「諄」字注。「𧩁𧩁」，遲緩貌。《詩經》「春日遲遲」，或作「𧩁𧩁」。「諄𧩁」猶鈍遲也。

詻 è（諤）　論訟也。《傳》曰：詻詻孔子容。从言，各聲。〔五陌切〕

【注釋】

詻後來作諤，直言爭辯貌，《史記》：「千人之諾諾，不如一士之諤諤。」

誾 yín　和說而諍也。从言，門聲。〔語巾切〕

【注釋】

段注：「《論語·鄉黨》孔注：侃侃，和樂貌。誾誾，中正貌。侃侃為和樂者，謂侃侃即衎衎之假借也。誾誾為中正者，謂和悅而諍，柔剛得中也。」

謀 móu　慮難曰謀。从言，某聲。〔莫浮切〕古文謀。亦古文。

【注釋】

本義是圖謀。謀的對象一般是有難度。

段注：「訪問於善為諮，諮難為謀。《口部》曰：圖，畫計難也。圖與謀同義。」

謨 𧪈 mó　　議謀也。从言，莫聲。《虞書》曰：咎繇謨。〔莫胡切〕𧪿 古文謨，从口。

【注釋】

常用義是謀。「宏謨」謂宏謀也。古人有蔡謨，今人有周祖謨。

訪 訪 fǎng　　泛謀曰訪。从言，方聲。〔敷亮切〕

【注釋】

本義是諮詢，對象是事情。《尚書‧洪範》：「惟十有三祀，王訪於箕子。」即王向箕子諮詢事情。今之訪問義乃引申義，對象是人。

引申為尋求、探尋，王勃《滕王閣序》：「訪風景於崇阿。」又有查找、偵查義，今有「查訪」「廉訪使」。段注：「泛與訪雙聲，方與旁古通用，許於方聲別之曰泛謀。」

諏 諏 zōu　　聚謀也。从言，取聲。〔子于切〕

【注釋】

本義是諮詢。從取之字多有聚集義，如聚、叢（叢生草也）、菆（堆積）、棷（聚集）、最（聚合）、冣（積也）等。

論 論 lún　　議也。从言，侖聲。〔盧昆切〕

【注釋】

本義是議論。引申出判罪義，今有「格殺勿論」。又有衡量、評定義，如「論功行賞」。「當」亦有此二義，同步引申也。議論必有條理，從侖之字多有層次義。如輪（車輪）、倫（輩也）、淪（水起微波）等。見後「侖」字注。

段注：「凡言語循其理，得其宜謂之論，故孔門師弟子之言謂之《論語》。」

議 議 yì　　語也。从言，義聲。〔宜寄切〕

【注釋】

本義是商議。引申出主張、建議，今有「提議」「無異議」。段注：「議者，誼也。誼者，人所宜也，言得其宜之謂議。」

訂 𧥷 dìng　　平議也。从言，丁聲。〔他頂切〕

【注釋】

平議者，評議也。《說文》無評字。常用義是改正，今有「訂正」。又有定立、約定義，今有「訂婚」「訂合同」。

詳 𧥳 xiáng　　審議也。从言，羊聲。〔似羊切〕

【注釋】

審者，詳細也。常用義是詳盡、詳細，如「端詳」，同義連文。另有廣泛、周遍義，如「詳延有道之士」，今有「周詳」。另有謹慎義，今有「詳審」。

「審」有詳細義，也有謹慎義，同步引申也。引申出儀態從容穩重，今有「安詳」「舉止詳雅」。段注：「經傳多假為祥字，又音羊，為詳狂字。」

諟 𧫮 shì　　理也。从言，是聲。〔承旨切〕

【注釋】

常用義通「是」，正確。「諟正」，同「是正」，訂正也，如「諟正文字」。

諦 𧫒 dì　　審也。从言，帝聲。〔都計切〕

【注釋】

審者，詳也。本義是詳細，今有「諦聽」「諦視」，地藏王菩薩坐騎名「諦聽」。又有弄清楚義，今有「諦熟於心」。佛教用語，真實的道理謂之諦，今有「真諦」。「審」亦有詳細、弄清楚二義，同步引申也。

識 𧬇 shí　　常也。一曰：知也。从言，戠聲。〔賞職切〕

【注釋】

簡化字识乃另造之俗字。

段注：「常當為意，字之誤也。草書常、意相似，六朝以草寫書，迨草變真，訛誤往往如此。意者，志也。志者，心所之也。意與志，志與識古皆通用。」

或以為常是一種旗幟，上畫日月。則謂識乃旗幟之本字也。《說文》原無幟字，徐鉉新附增之。常用義記憶、記住，如「博聞強識」。引申為標誌義，今有「款識」。

此二義常寫作「志」。

訊 訊 xùn　　問也。从言，卂聲。〔思晉切〕 㲃 古文訊从鹵。

【注釋】

本義是問，常連用，毛澤東詞：「問訊吳剛何所有，吳剛捧出桂花酒。」有審問義，今有「審訊」，同義連文。有消息義，今有「音訊」，同義連文。「問」亦有審訊、音信二義，同步引申也。訊有告誡、告義，《詩經》：「夫也不良，歌以訊之。」又有問義，正反同辭也。

詧 詧 chá　　言微親詧也。从言，察省聲。〔楚八切〕

【注釋】

同「察」，如「亮詧」「鑒詧」。

謹 謹 jǐn　　慎也。从言，堇聲。〔居隱切〕

【注釋】

本義是謹慎，引申出嚴、嚴格義，今有「嚴謹」，同義連文。

訒 訒 réng　　厚也。从言，乃聲。〔如乘切〕

【注釋】

《爾雅》：「仍，厚也。」本字當作訒。從乃之字多有重複厚重義，如仍、芿等。段注：「因仍則加厚，訒與仍音義略同。」

諶 諶 chén　　誠諦也。从言，甚聲。《詩》曰：天難諶斯。〔是吟切〕

【注釋】

一句數讀，誠也，諦也。本義是誠信。《爾雅》：「諶，信也。」引申出相信，引申出確實，「信」亦有此三義，同步引申也。

信 信 xìn　　誠也。从人，从言，會意。〔息晉切〕 伈 古文，从言省。 㐰 古文信。

【注釋】

　　本義是誠信。信古代指送信的人，即信使。今之書信義，古代用書，不用信。後來才引申為書信。引申為確實義，如「煙波微茫信難求」。又有隨便義，今有「信口開河」。

　　王筠《說文釋例》謂會意字說解只言「从某某」或「从某从某」，而不明言「會意」。象形字說解只言「象形」「象某某之形」而不言「从」，認為「會意」二字是衍文。

　　訦 訦 chén　　　燕、代、東齊謂信訦。从言，尤聲。〔是吟切〕

【注釋】

　　本義是誠信。《爾雅》：「訦，信也。」

　　誠 誠 chéng　　　信也。从言，成聲。〔氏征切〕

【注釋】

　　本義是誠信，引申出確實義，虛詞為如果義。「信」亦有此三義，同步引申也。

　　誡 誡 jiè　　　敕也。从言，戒聲。〔古拜切〕

　　誋 誋 jì　　　誡也。从言，忌聲。〔渠記切〕

【注釋】

　　今忌諱本字也。《說文》：「忌，憎惡也。」非本字明矣。

　　諱 諱 huì　　　誋也。从言，韋聲。〔許貴切〕

【注釋】

　　本義是避開，今有「毋庸諱言」「避諱」。又指古代稱死去的帝王或尊長的名，如「太祖，姓曹，諱操」。今有「名諱」，名字也。

　　誥 誥 gào　　　告也。从言，告聲。〔古到切〕 𡔷 古文誥。

【注釋】

本義是告訴。引申為告誡、勸勉，後專指皇帝的命令，如「誥命夫人」。「詔」亦有此三義，同步引申也。告、誥原來都是告訴義，後來下告上叫「告」，上告下叫「誥」或「詔」。秦以後「詔」只限於皇帝下命令。宋以後，「誥」只限於皇帝任命官員所用。

詔 𧮫 zhào　　告也。从言，从召，召亦聲。〔之紹切〕

【注釋】

本義是告訴。詔有告訴義，有告誡義，有皇帝下命令義，「誥」亦有此三義，同步引申也。

段注：「古用誥字，今則用告字，以此誥為上告下之字。又秦造詔字，惟天子獨稱之。」

誓 䇑 shì　　約束也。从言，折聲。〔時制切〕

【注釋】

本義是盟誓。段注：「《周禮》五戒：一曰誓，用之於軍旅。凡自表不食言之辭皆曰誓，亦約束之意也。」又指古代告誡將士的言辭，如《湯誓》，湯討伐夏桀時告誡將士的言辭。

譣 䚒 xiǎn　　問也。从言，僉聲。《周書》曰：勿以譣人。〔息廉切〕

【注釋】

此驗證之本字也。《說文》：「驗，馬名。」非本字明矣。驗之常用義為證據、憑證，如「何以為驗」。今有「驗證」，同義連文。又效果也，今有「效驗」，同義連文。「屢試屢驗」者，屢次有效果也。

詁 䛒 gǔ　　訓故言也。从言，古聲。《詩》曰：詁訓。〔公戶切〕

【注釋】

段注：「漢人傳注多偁故者，故即詁也。《毛詩》云故訓傳者，故訓猶故言也。」

藹 䕡 ǎi　　臣盡力之美。从言，葛聲。《詩》曰：藹藹王多吉士。〔於害切〕

【注釋】

　　本義是草木茂盛，「藹藹」者，猶濟濟也，多貌。「草木藹藹」者，草木茂盛也。常用和氣貌，今有「和藹」「藹然可親」。「臣盡力之美」者，乃毛詩注文，乃解經之大義，非文字之義也。許書有徑引經文注解來釋義之例。

　　《爾雅》、毛傳、鄭箋多載修辭義，《爾雅》：「藹藹、萋萋，臣盡力也。」《詩經》：「凡民有喪，匍匐救之。」鄭箋：「匍匐，盡力也。」伏地而行，表示盡力，並非「匍匐」有盡力義，這只是一種比喻義。

　　諫 諫 cù　　鋪旋促也。从言，束聲。〔桑古切〕

【注釋】

　　本義即催促吃飯，《廣雅》：「諫，促也。」此「不速之客」之本字也，本陸宗達先生說。

　　諝 諝 xū　　知也。从言，胥聲。〔私呂切〕

【注釋】

　　本義是才智，又計謀也，「詐諝」謂詐謀也。

　　証 証 zhèng（证）　　諫也。从言，正聲。〔之盛切〕

【注釋】

　　証、證本二字二義，今簡化均作证。段注：「《呂覽》：士尉以証靜郭君。高曰：証，諫也。今俗以証為證驗字，遂改《呂覽》之証為證。」

　　諫 諫 jiàn　　証也。从言，束聲。〔古宴切〕

【注釋】

　　本義是阻止，如「諫止」。

　　諗 諗 shěn　　深諫也。从言，念聲。《春秋傳》曰：辛伯諗周桓公。〔式荏切〕

【注釋】

本義是勸告，常用義思念，《詩經》：「將母來諗。」又知道義，如「諗知」。又告訴義，告知與勸告常相關。

課 𧬝 kè　　試也。从言，果聲。〔苦臥切〕

【注釋】

本義是考試、考核，如「成器不課不用」。督促完成工作也叫課，如「嚴課農桑」。作名詞，即完成規定的任務，白居易《與元九書》：「晝課賦，夜課書。」今有「課程」「功課」「上課」。

收稅也叫課，今有「課以重稅」，作名詞是稅收義。教書謂之課，如「課讀」「課徒」謂進行教學活動，傳授知識。又占卜的一種，如「起課」，搖銅錢看正反面或掐指頭算干支，推斷吉凶。

試 𧥳 shì　　用也。从言，式聲。《虞書》曰：明試以功。〔式吏切〕

【注釋】

本義是用、任用。《詩·小雅·大東》：「私人之子，百僚是試。」《禮記·樂記》：「兵革不試，五刑不用。」以上二例皆用本義。又有嘗義，劉向《列女傳》：「食自外來，不可不試。」今有「嘗試」，同義連文。引申為考核義，今有「考試」，同義連文。

諴 𧭶 xián　　和也。从言，咸聲。《周書》曰：不能諴於小民。〔胡毚切〕

詧 𧪒 yáo（謠）　　徒歌。从言、肉。〔余招切〕

【注釋】

後作謠，《說文》無謠字。本義是不伴奏清唱，《詩經》：「我歌且謠。」泛指歌曲。「謠言」原義是民間流行的歌謠諺語，後指憑空捏造的話。段注：「《釋樂》曰：徒歌曰謠。《魏風》毛傳曰：曲合樂曰歌，徒歌曰謠。」

詮 𧬜 quán　　具也。从言，全聲。〔此緣切〕

【注釋】

本義是詳細解釋。常用義道理，今有「真詮」，猶真理也。「詮次」者，選擇編次也。

訢 訴 xīn（欣）　　喜也。从言，斤聲。〔許斤切〕

【注釋】

今作為欣之異體字。段注：「按此與《欠部》欣音義皆同。訢古欣字。」

說 說 shuō／yuè　　說釋也。从言、兌。一曰：談說。〔失爇切〕，又〔弋雪切〕

【注釋】

本義是解說。段注：「說釋即悅懌。說、悅，釋、懌皆古今字，許書無悅懌二字也。說釋者，開解之意，故為喜悅。」先秦說話用「曰」不用「說」，「說」是解說義。

計 計 jì　　會也，算也。从言，从十。〔古詣切〕

【注釋】

本義是計算。引申出謀劃、考慮義，今有「為……計」。「慮」重在反覆思考，「計」重在計劃、策劃。

諧 諧 xié　　詥也。从言，皆聲。〔戶皆切〕

【注釋】

本義是和諧，引申出幽默、滑稽義，今有「詼諧」「諧謔」「亦莊亦諧」。段注：「此與《龠部》龤異用，龤專謂樂和。」

詥 詥 hé　　諧也。从言，合聲。〔候合切〕

【注釋】

今和諧本字也。《說文》：「和，相應也。」非本字明矣。

調 調 tiáo　　和也。从言，周聲。〔徒遼切〕

【注釋】

　　本義是調和。段注：「《龠部》曰：龢，調也。與此互訓。和本係唱和字，故許云相應也。今則概用和而龢廢矣。」

　　引申和諧義，今有「風調雨順」；訓練義，今有「調教」；挑逗、嘲笑義，今有「調笑」「調戲」；風格義，今有「格調」。

　　話 🔠 huà　　合會善言也。从言，昏聲。《傳》曰：告之話言。🔠 籀文話，从會。〔胡快切〕

【注釋】

　　「昏」做偏旁時隸變作舌，見前「話」字注。《大雅》：「慎爾出話。」毛傳：「話，善言也。」

　　諈 🔠 zhuì　　諈諉。从言，垂聲。〔竹置切〕

【注釋】

　　即今推諉也。

　　諉 🔠 wěi　　絫也。从言，委聲。〔女恚切〕

【注釋】

　　段注：「絫、累正俗字。今人概作累而絫廢矣。」

　　警 🔠 jǐng　　戒也。从言，从敬，敬亦聲。〔居影切〕

【注釋】

　　本義是告戒，引申出戒備義，又指緊急的情況或消息，今有「報警」。引申出敏銳、機敏義，今有「機警」。

　　謐 🔠 mì　　靜語也。从言，盆聲。一曰：無聲也。〔彌必切〕

【注釋】

　　本義是靜，今有「靜謐」。

謙 𧪨 qiān　　敬也。从言，兼聲。〔苦兼切〕

【注釋】

謙於己，敬於人。謙己即敬人，謙與敬義相成。謙或假「嗛」為之。張舜徽《約注》：「謙必以敬為本，始不流於虛偽，故許君直以敬訓謙也。」

誼 𧨆 yì　　人所宜也。从言，从宜，宜亦聲。〔儀寄切〕

【注釋】

誼者，宜也。本義是應該做的事情，即仁義，引申為義氣。言語的相宜，音和其所表示的內容相宜，引申為意義。「誼」是古「義」字，仁義、意義字初寫作「誼」，如「比類合誼」。「誼」「義」古今字也。「義」之本義是威儀。後友誼字作「誼」，仁義、意義、義氣則作「義」，威儀字加人作「儀」。「誼→義→儀」職能替換脈絡如此。

段注：「誼、義古今字，周時作誼，漢時作義，皆今之仁義字也。其威儀字，則周時作義，漢時作儀。云誼者人所宜，則許謂誼為仁義字，今俗分別為恩誼字。」

詡 𧥼 xǔ　　大言也。从言，羽聲。〔況羽切〕

【注釋】

本義是說大話，今有「自詡」。引申為大。段注：「按詡之本義為大言，詡之引申之義為大，故周弁、殷吁、夏收，《白虎通》吁作詡。」

諓 𧮻 jiàn　　善言也。从言，戔聲。一曰：譴也。〔慈衍切〕

【注釋】

巧言也，又有戲謔義。

誐 𧭩 é　　嘉善也。从言，我聲。《詩》曰：誐以溢我。〔五何切〕

【注釋】

娥，美女也。誐，嘉善也。同源詞也。

詷 𧬉 tóng　　共也。一曰：譀也。从言，同聲。《周書》曰：在夏后之詷。〔徒紅切〕

【注釋】

　　古同「同」，共同也。

　　設 𧪟 shè　　施陳也。从言，从殳。殳，使人也。〔識列切〕

【注釋】

　　本義是陳設。常用假如、如果義，今有「假設」，同義連文。

　　段注：「設、施雙聲，《㫃部》曰：施，旗旓施也。有布列之義。《𨸏部》曰：陳，列也。然則凡言陳設者，陳之假借字，陳行而陳廢矣。」

　　護 𧭉 hù（护）　　救視也。从言，蒦聲。〔胡故切〕

【注釋】

　　护乃另造之俗字。一句數讀，救也，視也。本義是救助，《史記·蕭相國世家》：「高祖為布衣時，何數以吏事護高祖。」今有「救護車」。「視也」者，監視也，《史記》：「有白馬將出護其兵，李廣上馬車十餘騎，奔射殺胡白馬將。」常用統領義，官職有「護軍都統」。

　　譞 𧮾 xuān　　譞慧也。从言，圜省聲。〔許緣切〕

【注釋】

　　「譞慧也」，當作「慧也」，「譞」乃復舉字刪之未盡者。本義是聰明。「譞譞」謂多言也。

　　誧 𧩾 bū　　大也。一曰：人相助也。从言，甫聲。讀若逋。〔博孤切〕

【注釋】

　　《爾雅》：「甫，大也。」《詩經》：「無田甫田。」謂大田也。本字當作「誧」。《說文》：「甫，男子美稱。」非本字明矣。又有幫助義。

　　諰 𧭈 xǐ　　思之意。从言，从思。〔胥里切〕

【注釋】

此「畏葸不前」之本字也。本義是謹慎思考貌，謹慎則憂懼。「愳愳」謂擔心害怕貌。《荀子‧強國》：「愳愳然常恐天下之一合而軋己也。」王安石《上皇帝萬言書》：「四方有志之士，愳愳然常恐天下之久不安。」

託 𣣈 tuō（托）　　寄也。从言，乇聲。〔他各切〕

【注釋】

今寄托之古字也。《說文》無托字。常用義推諉，今有「推託」，同義連文。

記 𧥏 jì　　疏也。从言，己聲。〔居吏切〕

【注釋】

疏者，記錄、陳述也。常用義印章也，今有「印記」。又史書謂之記，如「藏於記府」。

譽 𧭉 yù　　稱也。从言，與聲。〔羊茹切〕

【注釋】

稱，舉也。本義是稱讚、讚譽。譽乃草書楷化字形。

譒 𧭳 bò　　敷也。从言，番聲。《商書》曰：王譒告之。〔補過切〕

謝 𧭯 xiè　　辭去也。从言，射聲。〔辭夜切〕

【注釋】

本義是辭掉、推辭。

段注：「《曲禮》：大夫七十而致事，若不得謝，則必賜之几杖。此謝之本義也。引申為凡去之稱，又為衰退之稱，俗謂拜賜曰謝。」

典籍常用義為道歉，非感謝。有推辭、拒絕義，今有「謝絕參觀」。有辭別義，章太炎和老師俞樾決裂，寫有《謝本師》一文。有告訴、告戒義，《孔雀東南飛》：「多謝後世人，戒之慎勿忘。」另有遜色、不如義，《倚天屠龍記》有金毛獅王謝遜。謝、遜義同，此取名之妙也。

謳 謳 ōu　　齊歌也。从言，區聲。〔烏侯切〕

【注釋】

　　齊歌者，齊地之歌也。齊歌曰謳，吳歌曰歈，楚歌曰豔，淫歌曰哇。泛指歌曲，今有「謳歌」。曹植《箜篌引》：「京洛出名謳。」

　　段注：「師古注《高帝紀》曰：『謳，齊歌也，謂齊聲而歌，或曰齊地之歌。』按假令許意齊聲而歌，則當曰眾歌，不曰齊歌也。」

詠 詠 yǒng（咏）　　歌也。从言，永聲。〔為命切〕 咏 詠，或从口。

【注釋】

　　詠、咏異體字，今通行重文咏。謂長聲歌唱也。從永之字多有長義。永者，水長也，引申凡長之稱。如泳（水上曰游，潛水曰泳）、昶（日長）、羕（水長）等。

諍 諍 zhèng　　止也。从言，爭聲。〔側迸切〕

【注釋】

　　本義是直言勸告，使人改正錯誤。今有「諍友」。

評 評 hū（呼）　　召也。从言，乎聲。〔荒烏切〕

【注釋】

　　今招呼之本字也。呼之本義是呼吸，《說文》：「呼，外息也。」非本字明矣。段注：「後人以呼代之，呼行而評廢矣。」

謼 謼 hū　　評謼也。从言，虖聲。〔荒故切〕

【注釋】

　　古同「呼」，又同「諕」，驚嚇也。

訖 訖 qì　　止也。从言，气聲。〔居迄切〕

【注釋】

　　本義是停止，今有「起訖」，謂起止也。又有終究義，今有「迄未成功」，或作迄。

諺𧨾 yàn　　傳言也。从言，彥聲。〔魚變切〕

【注釋】

本義是諺語。段注：「凡經傳所稱之諺，無非前代故訓，而宋人作注乃以俗語、俗論當之，誤矣。」

訝𧩢 yà（迓）　　相迎也。从言，牙聲。《周禮》曰：諸侯有卿訝發。〔吾駕切〕𧩢 訝，或从辵。

【注釋】

今相迎義作重文迓，訝作驚訝字。正體與重文分為二字。

段注：「鉉增迓字，云：訝或从辵，為十九文之一。按迓俗字，出於許後。」

詣𧨢 yì　　候至也。从言，旨聲。〔五計切〕

【注釋】

本義為到，今有「造詣」一詞，保留本義。造、詣同義連文。造，到也。

講𧪄 jiǎng（讲）　　和解也。从言，冓聲。〔古項切〕

【注釋】

講之本義即今之和解。常用義是研究、商討，今有「講價」。又練習義，如「講武堂」。又講求、講究，如「講信修睦」。又有解釋義，今有「講解」。古代講沒有「說話」義。從冓之字多有相遇義，見前「遘」字注。

謄𧪯 téng（誊）　　移書也。从言，朕聲。〔徒登切〕

【注釋】

今簡化作誊，今有「謄寫」。宋代有謄錄院，科舉考試時專門負責謄錄考生的試卷，以防閱卷人認出考生字跡而作弊。考生用墨筆作答，謄錄官用朱筆抄錄一遍。

形聲字偏旁位置多歧，從朕聲之字多居左上，如騰、媵、縢、謄等，皆形聲字也。

訒𧩂 rèn　　頓也。从言，刃聲。《論語》曰：其言也訒。〔而振切〕

【注釋】

　　本義是言語遲鈍。

訥 訥 nè　　言難也。从言，从內。〔內骨切〕

【注釋】

　　本義是說話遲鈍。毛澤東二女名李敏、李訥。敏、訥對言，以合中庸之道。

讄 讄 zhā　　讄㜮也。从言，盧聲。〔側加切〕

傒 傒 xì　　待也。从言，傒聲。讀若醯。〔胡禮切〕

噭 噭 jiào　　痛呼也。从言，敫聲。〔古弔切〕

【注釋】

　　痛呼，大呼也。

譊 譊 náo　　恚呼也。从言，堯聲。〔女交切〕

【注釋】

　　譊譊，喧嚷、爭辯也。

謍 謍 yíng　　小聲也。从言，熒省聲。《詩》曰：謍謍青蠅。〔余傾切〕

【注釋】

　　從謍、嬰聲之字多有小義，如嬰（初生兒）、嚶（鳥鳴聲）、櫻（小果實）、熒（光微弱的樣子）、穎（穀穗尖端）、螢（發小光的蟲）等，皆聲近義通，同源詞也。「謍謍青蠅」，今《詩經》傳本作「營營」。

諎 諎 zé（唶）　　大聲也。从言，昔聲。讀若笮。〔壯革切〕唶 諎，或从口。

【注釋】

　　今通行重文唶。唶唶，讚歎聲。

諛 諛 yú　　諂也。从言，臾聲。〔羊朱切〕

【注釋】

本義是諂諛。諛是用言語奉承，諂則不限於言語。

諂 讇 chǎn（諂）　　諛也。从言，閻聲。〔丑琰切〕讇 讇，或省。

【注釋】

今通行重文諂。

諼 諼 xuān　　詐也。从言，爰聲。〔況袁切〕

【注釋】

諼有二常用義：一欺詐，如「詐諼之詞」。二忘記，今有「永矢弗諼」。

謷 謷 áo　　不肖人言也。从言，敖聲。一曰：哭不止，悲聲謷謷。〔五牢切〕

【注釋】

「一曰：哭不止」者，今「嗷嗷待哺」之本字也。《說文》：「嗷，眾口愁也。」非本字明矣。

段注改作「不省人言也」，云：「《東方朔傳》：聲謷謷。亦正謂其不省人言耳。」今河南方言仍有此語，反駁、不順從人謂之「謷謷」或「嗷嗷叫」。

訹 訹 xù　　誘也。从言，术聲。〔思律切〕

【注釋】

本義是誘惑，如「不為利訹」「誘訹」。又恐嚇也，「訹懼」謂威脅懾服。

詑 詑 tuó　　沇州謂欺曰詑。从言，它聲。〔託何切〕

【注釋】

本義是欺騙，如「詑謾」，欺也，同義連文。

謾䛲 mán　　欺也。从言，曼聲。〔母官切〕

【注釋】

本義是欺詐。另有詆毀義，《荀子》：「向則不若，背則謾之。」今有「謾罵」者，通「慢」，傲慢也。

諸䛬 zhā　　諸拏，羞窮也。从言，奢聲。〔陟加切〕

詐䛼 zhà　　慚語也。从言，作聲。〔鋤駕切〕

【注釋】

慚愧為怍，慚語為詐，同源詞也。段注：「與《心部》怍音同義近。」

讋䜐 zhé　　讋讘也。从言，執聲。〔之涉切〕

謰䜋 lián　　謰謱也。从言，連聲。〔力延切〕

【注釋】

謰謱謂言語繁瑣不清。健是小雞，同源詞也。

謱䜓 lóu　　謰謱也。从言，婁聲。〔陟侯切〕

詒䛮 yí　　相欺詒也。一曰：遺也。从言，台聲。〔與之切〕

【注釋】

詒有三常用義：一欺騙，音 dài，此義多寫作「紿」。《史記》：「（項羽）迷失道，問一田父，田父紿曰：左。」二遺留，如「詒訓」。三贈送。

段注：「汝南人呼欺亦曰詒，音殆。《史》《漢》多假紿為之。一曰：遺也。《釋言》、毛傳皆曰：詒，遺也。俗多假貽為之。」

謲䜌 càn　　相怒使也。从言，參聲。〔倉南切〕

誆䜄 kuáng　　欺也。从言，狂聲。〔居況切〕

【注釋】

今有「誑語」，謂謊話也，如「出家人不打誑語」。今河南方言仍有「誑誑他」，謂騙騙他也。或作「誆」。

誒 誒 ài　　欸也。从言，疑聲。〔五介切〕

【注釋】

本義是言語不流暢。又指欺騙嘲弄，如「調誒」。

課 課 guà　　相誤也。从言，冎聲。〔古罵切〕

【注釋】

段注：「《廣韻》：相課誤也。課誤蓋同詿誤。」

訕 訕 shàn　　謗也。从言，山聲。〔所晏切〕

【注釋】

本義是誹謗、詆毀。今有「訕笑」，譏笑也。「訕訕」，不好意思，難為情的樣子。段注：「訕與《女部》『姍，誹也』音義同。」

譏 譏 jī　　誹也。从言，幾聲。〔居衣切〕

【注釋】

本義是非難、指責過失，《岳陽樓記》：「憂讒畏譏。」譏諷是後起義。又有檢查、查看義，《孟子》：「關市譏而不征。」

段注：「譏、誹疊韻。譏之言微也，以微言相摩切也。引申為『關市譏而不征』之譏。」

誣 誣 wū　　加也。从言，巫聲。〔武扶切〕

【注釋】

本義非誣告，而是虛假、不真實義。蒲松齡作《聊齋誌異》之目的即「發明神道之不誣也」。由虛假引申出誣告。許君釋本義為誣告，失之。虛假不真實帶有欺騙的性質，所以誣有欺詐義，這也是今義所沒有的。誣的今義是捏造事實、構陷罪名，

和謗諤意義相近。

誹 誹 fēi　　謗也。从言，非聲。〔敷尾切〕

【注釋】

本義是指責過失，誹謗是後起義。見下「謗」字注。上古譏、誹、謗皆非今之詆毀義。

謗 謗 bàng　　毀也。从言，旁聲。〔補浪切〕

【注釋】

本義非誹謗，而是公開指責別人的過失。史有周厲王彌謗，《國語》：「厲王虐，國人謗王。」堯時有誹謗木、敢諫鼓。誹謗木，今天安門前之華表乃其遺迹也。誹謗者，皆議論政事也，非今之詆毀義。析而言之，誹者，背地裏議論嘀咕；謗者，公開指責；譏者，微言諷刺也。

段注：「謗之言旁也。旁，溥也。大言之過其實。《論語》：子貢方人。假方為謗。」

譸 譸 zhōu　　詶也。从言，壽聲。讀若醻。《周書》曰：無或譸張為幻。
〔張流切〕

【注釋】

本義是詛咒。常用義是「譸張」，欺騙也。

詶 詶 chóu（咒）　　譸也。从言，州聲。〔市流切〕

【注釋】

此咒之古字也。

詛 詛 zǔ　　詶也。从言，且聲。〔莊助切〕

【注釋】

本義是詛咒。常用盟誓義，如「詛盟」。

詛 詛 zhòu（咒）　　詶也。从言，由聲。〔直又切〕

【注釋】

此咒之古字也。《說文》無咒字。訓、詶乃一字之異體。

詣 詣 chǐ　　離別也。从言，多聲。讀若《論語》：跢予之足。周景王作洛陽詣臺。〔尺氏切〕

【注釋】

《爾雅》：「詣，離也。」從多之字多有大、開義，見前「哆」字注。

誖 誖 bèi（悖）　　亂也。从言，孛聲。〔蒲沒切〕 誖 詩，或从心。 詩 籀文誖，从二或。

【注釋】

今通行重文悖字。本義為亂，悖逆乃引申義也。引申為荒謬義，如「謬言悖詞」。另有糊塗義，《戰國策》：「先生老悖呼？」

戀 戀 luán　　亂也。一曰：治也。一曰：不絕也。从言、絲。〔呂員切〕 戀 古文戀。

【注釋】

今彎、變等從此聲。「一曰：不絕也」，此當為戀之本義。從戀之字多有連續義，如孿、攣（連在一起）、巒（連在一塊的山）、戀（感情連在一起）。

誤 誤 wù　　謬也。从言，吳聲。〔五故切〕

【注釋】

本義是錯誤，引申為使受害，今有「誤人子弟」「誤國害民」。引申有迷惑義，《史記》：「（桓公）佯死以誤管仲。」

詿 詿 guà　　誤也。从言，圭聲。〔古賣切〕

【注釋】

今詿有二常用義：一連累、牽累，常「詿誤」連用，《漢書》：「為霍氏所詿誤者，皆赦之。」二欺騙，如「詿亂天下」。「詿誤」「詿謬」又指失誤。

誒 𧩙 xī　　可惡之辭。从言，矣聲。一曰：誒，然。《春秋傳》曰：誒誒
出出。〔許其切〕

譆 𧮏 xī　　痛也。从言，喜聲。〔火衣切〕

【注釋】

古同「嘻」。「譆譆」，嗟歎聲也，歎詞，表示驚歎。「譆譆出出」，形容鬼神的聲
音。《左傳・襄公三十年》：「或叫於宋大廟，曰：『譆譆，出出。』」楊伯峻注：「象聲
之詞。」

詯 𧮓 huì　　膽氣滿聲，在人上。从言，自聲。讀若反目相睞。〔荒內
切〕

【注釋】

段注：「蓋即元曲所用咱字。」

謧 𧮘 lí　　謧詍，多言也。从言，离聲。〔呂之切〕

【注釋】

謧詍，話多也。段注：「《玉篇》云：欺謾之言。《廣韻》云：弄言。」

詍 𧭴 yì　　多言也。从言，世聲。《詩》曰：無然詍詍。〔余制切〕

【注釋】

詍詍，多言也。

訾 𧮡 zǐ　　不思稱意也。从言，此聲。《詩》曰：翕翕訿訿。〔將此切〕

【注釋】

今常用詆毀義。段注：「按呰毀字古作呰，與訾別，後人混用。」

詶 𧭹 táo（叨）　　往來言也。一曰：小兒未能正言也。一曰：祝也。从
言，匋聲。〔大牢切〕𧭻 詶，或从包。

【注釋】

此嘮叨之本字也。《說文》無叨字。

諵 諵 nán　　諵諵，多語也。从言，冉聲。樂浪有諵邯縣。〔汝閻切〕

譅 譅 tà　　語相反譅也。从言，逻聲。〔他合切〕

【注釋】

段注改作「譅譜，語相及也」，可從。本義是話多。

譜 譜 tà　　譅譜也。从言，沓聲。〔徒合切〕

【注釋】

譜譜謂話多。段注：「與《曰部》沓字音義皆同，《荀卿書》：愚者之言，譜譜然而沸。注：譜譜，多言也。」

訮 訮 yán　　諍語訮訮也。从言，开聲。〔呼堅切〕

【注釋】

易怒而好與人爭論。

譮 譮 xié　　言壯貌。一曰：數相怒也。从言，嶲聲。讀若畫。〔呼麥切〕

訇 訇 hōng　　駭言聲。从言，匀省聲。漢中西城有訇鄉。又讀若玄。〔虎橫切〕訇 籀文不省。

【注釋】

段注改作「駭言聲」。常用義是形容大聲，如「訇然」「訇的一聲」。

諞 諞 pián　　便巧言也。从言，扁聲。《周書》曰：截截善諞言。《論語》曰：友諞佞。〔部田切〕

【注釋】

今便佞之本字也。《孔雀東南飛》：「便言多令才。」《論語》：「其在宗廟朝廷，便便言，唯謹爾。」

諞 𧫤 pín　　匹也。从言，頻聲。〔符真切〕

訽 𧮫 kòu　　扣也。如求婦，先訽叕之。从言，从口，口亦聲。〔苦后切〕

【注釋】

段注：「扣、叩古今字。《說文》有敂無叩，此扣當作敂。」

詃 𧨵 nì　　言相詃司也。从言，兒聲。〔女家切〕

【注釋】

段注：「詃司猶刺探。詃之言惹也，司之言伺也。」

誂 𧪦 tiǎo　　相呼誘也。从言，兆聲。〔徒了切〕

【注釋】

今挑逗、誘挑之後起本字也。《廣雅》：「誂，誘也。」《說文》：「挑，撓也。」挑之本義是撥動、攪動。

段注：「撓者，擾也。擾者，煩也。挑者，謂撥動之。《左傳》云『挑戰』是也。」後人多用挑字。

譄 𧮾 zēng　　加也。从言，从曾聲。〔作滕切〕

【注釋】

從曾之字多有重疊義。如層，重屋也。增，益也。憎，恨也。贈，送也。會，合也。

詄 𧩯 dié　　忘也。从言，失聲。〔徒結切〕

【注釋】

本義是遺忘，常用失誤義。

彗 蕙 jì　　忌也。从言，其聲。《周書》曰：上不彗於凶德。〔渠記切〕

【注釋】

古同「忌」。

譀 譀 hàn　　誕也。从言，敢聲。〔下闞切〕諏 俗譀，从忘。

誇 誇 kuā（夸）　　譀也。从言，夸聲。〔苦瓜切〕

【注釋】

今簡化作夸。本義是誇口。

誕 誕 dàn　　詞誕也。从言，延聲。〔徒旱切〕延 籀文誕，省正。

【注釋】

本義為說大話，引申大義。荒誕者，大而不實也。引申出欺騙義，《列子》：「吾不知子之有道而誕子。」又有放蕩義，如「生性放誕」。又有誕生義，如「降誕」「誕辰」，「華誕」謂生日也。從延之字多有大長義，如筵，大席也。梃，長木也。埏，八方之土也。

講 講 mài　　譀也。从言，萬聲。〔莫話切〕

謔 謔 xuè　　戲也。从言，虐聲。《詩》曰：善戲謔兮。〔虛約切〕

【注釋】

本義是開玩笑，今有「戲謔」。「謔而不虐」謂開玩笑但不傷害到人。

誾 誾 hěn　　眼戾也。从言，艮聲。〔乎懇切〕

【注釋】

從艮之字多有不順義，如很，不聽從也。恨，怨也。艱，土難治也。限，阻也。

訌 訌 hóng　　讀也。从言，工聲。《詩》曰：蟊賊內訌。〔戶工切〕

【注釋】

讀即潰亂。「內訌」者，內亂也。

讀 讀 huì　　中止也。从言，貴聲。《司馬法》曰：師多則人讀。讀，止也。〔胡對切〕

譏 譏 huì　　聲也。从言，歲聲。《詩》曰：有譏其聲。〔呼會切〕

【注釋】

段注：「《毛詩·雲漢》：有嘒其星。毛曰：嘒，眾星皃。此『有譏其聲』，蓋三家詩也。」

譮 譮 huà　　疾言也。从言，咼聲。〔呼卦切〕

譴 譴 tuí　　噪也。从言，魋聲。〔杜回切〕

【注釋】

段注：「按許書無魋字，大徐據此補入《鬼部》。」

譟 譟 zào　　擾也。从言，喿聲。〔蘇到切〕

訆 訆 jiào　　大呼也。从言，丩聲。《春秋傳》曰：或訆於宋大廟。〔古弔切〕

【注釋】

段注：「與《㗊部》㗊，《口部》叫音義皆同。」

諕 諕 háo　　號也。从言，从虎。〔乎刀切〕

【注釋】

古同「號」，大叫。

讙 讙 huān（歡）　　譁也。从言，雚聲。〔呼官切〕

【注釋】

本義是喧嘩，今作「歡」之異體。

譁 譁 huā（嘩）　　讙也。从言，華聲。〔呼瓜切〕

【注釋】

今簡化字作「哗」。

諤 諤 yú　　妄言也。从言，雩聲。〔羽俱切〕

譌 譌 é（訛）　　譌言也。从言，為聲。《詩》曰：民之譌言。〔五禾切〕

【注釋】

訛，譌之俗字。後簡化作讹。本義是謠言，《漢書》：「京師無故訛言大水至。」又錯誤也，今有「以訛傳訛」「訛誤」。訛詐乃後起義。常用行動義，《詩經》：「或寢或訛。」又有感化義，《詩經》：「式訛爾心。」訛，動也。感動、行動也。

謬 謬 miù　　狂者之妄言也。从言，翏聲。〔靡幼切〕

【注釋】

本義是荒謬。引申誤差，今有「失之毫釐，謬以千里」。

謊 謊 huǎng（謊）　　夢言也。从言，巟聲。〔呼光切〕

【注釋】

後作謊。本義是言語荒唐。夢言多非真實，引申出虛假、說謊義。

誓 誓 bó　　大呼自勉也。从言，暴省聲。〔蒲角切〕

【注釋】

段注改作「大嘑自冤也」。

訬 訬 chāo（吵）　　訬擾也。一曰：訬獪。从言，少聲。讀若毚。〔楚交切〕

【注釋】

後作吵。段注：「訬，此復舉字刪之未盡者。《手部》曰：摷，煩也。」

誆 誆 qī　　欺也。从言，其聲。〔去其切〕

【注釋】

欺騙也，如「詆諆」。

譎 譎 jué　　權詐也。益、梁曰謬，欺天下曰譎。从言，矞聲。〔古穴切〕

【注釋】

本義是欺詐。引申為奇異、怪異義，今有「譎詭」。「詭」亦有此二義，同步引申也。

詐 詐 zhà　　欺也。从言，乍聲。〔側駕切〕

【注釋】

本義是欺騙，古代欺騙的意義用「詐」不用「騙」。引申出假裝義，今有「詐死」「詐語」。

訏 訏 xū（吁）　　詭訛也。从言，于聲。一曰：訏譃。齊、楚謂信曰訏。〔況於切〕

【注釋】

詭訛即詭詐，今「吹噓」之本字也，吹噓多不實。《新書‧禮容語下》：「犯則凌人，吁則誣人，伐則掩人。」「一曰：訏譃」，今吁嗟之本字。《說文》：「吁，驚也。」

譇 譇 jiē（嗟）　　咨也。一曰：痛惜也。从言，差聲。〔子邪切〕

【注釋】

譇後作嗟。本義是歎息，引申為讚歎、贊許，如「嗟歎」。「歎」亦有讚歎、贊許義，同步引申也。

讋 讋 zhé　　失氣言。一曰：不止也。从言，龖省聲。傅毅讀若懾。〔之涉

切〕 ☷ 籀文䜅，不省。

【注釋】

本義是懼怕，如「䜅服」謂懾服也。「䜅懼」謂恐懼也。

段注：「此與愳音義同，此从言，故釋之曰失氣言。」讀若懾，此以讀若破假借也。

　　譀 xí　　言譀䜅也。从言，習聲。〔秦入切〕

　　諮 wù　　相毀也。从言，亞聲。一曰：畏亞。〔宛古切〕

　　䜂 suī　　相毀也。从言，隨省聲。〔雖遂切〕

　　譶 tà（諜）　　嗑也。从言，鬭聲。〔徒盍切〕

【注釋】

後作諜，多言貌。常「諜諜」連用，語多不停。嗑，話多也，如「子路嗑嗑，尚飲十榼」。譶、諜實同部重文也。

　　訩 xiōng（詾）　　說也。从言，匈聲。〔許容切〕 䜷或省。詾 訩，或从兄。

【注釋】

今通行重文詾，爭辯也。《詩經》：「不告於詾。」

段注：「訟各本訛說，今依《篇》《韻》及《六書故》所據唐本正。」「詾詾」，喧鬧貌，如「天下詾詾，未知誰是」。又有昏亂義，《詩經》：「家父作誦，以究王詾。」

　　訟 sòng　　爭也。从言，公聲。一曰：謌訟。〔似用切〕 䛦古文訟。

【注釋】

本義是爭論、爭辯，今有「聚訟紛紜」，保留本義。引申為打官司，今有「訴訟」。告狀謂之訟，為人辯冤亦謂之訟。訟之言公也，故有公開義，《史記》：「太尉尚恐不勝諸呂，未敢訟言誅之。」

「一曰：謌訟」者，此亦歌頌之本字也。《說文》：「頌，貌也。」頌之本義為容貌，非本字明矣。段注：「訟、頌古今字，古作訟，後人假頌皃字為之。」

瞋 瞋 chēn（嗔）　　恚也。从言，真聲。賈侍中說：瞋笑。一曰：讀若振。〔昌真切〕

【注釋】

瞋乃今嗔怒之本字也。《說文》：「嗔，盛氣也。」非本字明矣。今人用嗔，古用瞋。

讘 讘 niè　　多言也。从言，聶聲。河東有狐讘縣。〔之涉切〕

訶 訶 hē（呵）　　大言而怒也。从言，可聲。〔虎何切〕

【注釋】

今作「呵」，《說文》無「呵」字。本義是呵斥，如「呵禁」謂大聲喝斥制止。又有呼氣義，今有「呵氣」「呵凍」，呵護乃後起義。

詆 詆 zhǐ　　訐也。从言，臣聲。讀若指。〔職雉切〕

【注釋】

斥責別人的過失，揭發別人的隱私。《廣韻·旨韻》：「詆，訐發人之惡。」桂馥義證：「臣聲者，疑臣聲。」

訐 訐 jié　　面相斥罪，相告訐也。从言，干聲。〔居謁切〕

【注釋】

攻擊或揭發別人的短處，今有「攻訐」。

訴 訴 sù（愬）　　告也 [1]。从言，斥省聲 [2]。《論語》曰：訴子路於季孫。〔臣鉉等曰：斥非聲，蓋古之字音，多與今異，如皂亦音香，釁亦音門，乃亦音仍，他皆放此，古今失傳，不可詳究。〕〔桑故切〕訴，或从言、朔。訴，或从朔、心。

【注釋】

[1] 本義是告訴、訴說，引申為告狀、控告。「告」亦有此二義，同步引申也。愬、訴本一字之異體，後分別異用。「愬」常作誹謗義。「訴」亦有誹謗義，也常寫作愬，《論語》：「愬子路於季孫。」《左傳》：「訴公於晉候。」故《說文》以訴訓譖。

[2] 小徐本篆文作「譖」，作「从言，庶聲」，段注據改。小篆字頭改為訴，可備一說。從庶之字隸變為斥，俗又作斥。段注：「凡从庶之字隸變為斥，俗又訛斥。」

譖 䜭 zèn　　訴也。从言，替聲。〔莊蔭切〕

【注釋】

本義是說壞話、誣陷。見上「訴」字注。段注：「《論語》譖愬析言之，此統言之。」

讒 䜛 chán　　譖也。从言，毚聲。〔士咸切〕

譴 䜴 qiǎn　　謫問也。从言，遣聲。〔去戰切〕

【注釋】

本義是責備，引申為貶謫。謫亦有此二義，同步引申也。

謫 䜺 zhé　　罰也。从言，啻聲。〔陟革切〕

【注釋】

見上「譴」字注。「啻」隸變作「商」。

諯 䛒 zhuān　　數也。一曰：相讓也。从言，耑聲。讀若專。〔尺絹切〕

讓 䜨 ràng（让）　　相責讓。从言，襄聲。〔人漾切〕

【注釋】

让乃另造之俗字也。讓之本義為責怪。常用義推辭、辭讓，李斯《諫逐客書》：「泰山不讓土壤，故能成其大。」段注：「經傳多以為謙攘字。」

譙 譙 qiáo（誚）　　嬈譊也。从言，焦聲。讀若嚼。〔才肖切〕誚 古文譙，从肖。《周書》曰：亦未敢誚公。

【注釋】

譙常用義是責備，重文「誚」亦常用。今有「誚責」。「譏誚」謂譏諷也。城門上的望樓謂之「譙樓」，「譙門」謂設有望樓的城門。「讀若嚼」者，嚼之異體字作噍。

「譙譙」，羽毛凋敝貌。《詩經》：「予羽譙譙，予尾翛翛。」毛傳：「譙譙，殺也。」鄭玄箋：「手口既病，羽尾又殺敝，言己勞苦甚。」陸德明釋文：「譙譙，本或作燋，同。在消反，殺也。」王先謙集疏：「案，譙當為燋。《說文》：『燋，所以然持火也。』此本義。《淮南·氾論》注：『燋，悴也。』此引申義。」

段注：「《方言》：譙，讓也。齊楚宋衛荊陳之間曰譙，自關而西秦晉之間凡言相責讓曰譙讓。漢人作譙，壁中作誚，實一字也。」

諫 諫 cì　　數諫也。从言，朿聲。〔七賜切〕

【注釋】

此諷刺之後起本字也。刺之本義為刺殺。《鄒忌諷齊王納諫》：「能面刺寡人之過者，受上賞。」段注：「謂數其失而諫之，凡譏刺字當用此。」

誶 誶 suì　　讓也。从言，卒聲。《國語》曰：誶申胥。〔雖遂切〕

【注釋】

本義是責怪，「誶罵」謂責罵也。引申有直言規勸義，《離騷》：「謇朝誶而夕替。」又有詢問與告知二相反義，正反同辭也，訊亦有此相反二義。「誶候」謂訊問也。「問」有責問義，也有詢問義。「誶」亦有此二義，同步引申也。

馬敘倫《六書疏證》：「六朝書卒字作卆，傳寫成丑。」「誶」（本義是責怪）、「訊」（本義是問）二字的俗體均可作「誶」，故「誶」的訊問義，「訊」的告知、責怪義，或許是受字形相亂而相互滲透的結果。

段注：「《國語》曰：誶申胥。韋曰：誶，告讓也。今《國語》《毛詩》《爾雅》及他書誶皆訛訊，皆由轉寫形近而誤。」

詰 jié　　問也。从言，吉聲。〔去吉切〕

【注釋】

本義是責問、追問，今有「反詰」。引申有查、查辦義，今「盤詰」猶盤問、盤查也。常用有「詰朝」「詰旦」，謂次日早晨。「問」的意義最廣，即可表詢問，也表審問。「訊」一般表審問。「詰」一般表追問、責問。

謹 wàng　　責望也。从言，望聲。〔巫放切〕

【注釋】

望有怨恨義，本字當是謹。《史記・商君列傳》：「商君相秦十年，宗室貴戚多怨望者。」

詭 guǐ　　責也。从言，危聲。〔過委切〕

【注釋】

責者，求也。今有「求全責備」。「詭」之本義是要求，今有「詭責」。又有欺詐、怪異義，見上「譎」字注。今有「譎詭」，見「鬼」字注。另有違背義，今有「言行相詭」。段注：「今人為詭詐字。」

證 zhèng（证）　　告也。从言，登聲。〔諸應切〕

【注釋】

證之本義是告發。《論語・子路》：「其父攘羊，而子證之。」「證父」謂告發父親。見前「証」字注。段注：「今人為證驗字。」

詘 qū　　詰詘也。一曰：屈襞。从言，出聲。〔區勿切〕詘，或从屈。

【注釋】

詰詘，彎曲也。本義是彎曲，引申為枉曲、冤枉義，引申出屈服義，以上義常作「屈」。又有嘴笨義，《史記》：「辯於心而詘於口。」

詘 yuǎn　　尉也。从言，夗聲。〔於願切〕

【注釋】

或作「訡」，安慰也，又怨恨也。

詗 䚯 xiòng　　知處告言之。从言，同聲。〔朽正切〕

【注釋】

本義是偵查、刺探。

諼 諼 juàn　　流言也。从言，夐聲。〔火縣切〕

詆 詆 dǐ　　苛也。一曰：訶也。从言，氐聲。〔都禮切〕

【注釋】

本義是譴責、責罵。文天祥《指南錄後序》：「詆大酋當死。」引申為誹謗，今有「詆毀」。

誰 誰 shuí　　何也。从言，隹聲。〔示隹切〕

諽 諽 gé　　飾也。一曰：更也。从言，革聲。讀若戒。〔古核切〕

【注釋】

「一曰：更也」，今革命之本字也。革之本義為獸皮，非本字明矣。

讕 讕 lán　　抵讕也。从言，闌聲。〔洛干切〕 讕 讕，或从閒。

【注釋】

常用義是欺騙，今有「無恥讕言」。抵讕，抵賴也。段注：「按抵讕猶今俗語云抵賴也。」

診 診 zhěn　　視也。从言，㐱聲。〔直刃切〕，又〔之忍切〕

【注釋】

本義是診斷。《漢書·藝文志》：「原診以知政。」注：「謂視其脈及色候也。」

斯 𧪡 xì　　悲聲也。从言，斯省聲。〔先稽切〕

【注釋】

段注：「斯，析也。澌，水索也。凡同聲多同義。鍇曰：今謂馬悲鳴為嘶。」

訧 𧩁 yóu　　罪也。从言，尤聲。《周書》曰：報以庶訧。〔羽求切〕

【注釋】

今「怨天尤人」之本字也。《說文》：「尤，異也。」非本字明矣。見「尤」字注。

段注：《邶風》毛傳：訧，過也。亦作郵，《釋言》：郵，過也。亦作尤，《孟子》引《詩》：畜君何尤。」見「郵」字注。

誅 𧩢 zhū　　討也。从言，朱聲。〔陟輸切〕

【注釋】

誅之本義為譴責，非殺也。今「口誅筆伐」保留本義。誅殺是後起義。引申出討伐、懲罰義，又有要求義，《左傳》：「誅求無時。」「責」亦有譴責、懲罰、要求義，同步引申也。「討」亦有討伐、要求義，今有「討債」，亦同步引申也。段注：「凡殺戮、糾責皆是。」

討 𧮲 tǎo　　治也。从言，从寸。〔他皓切〕

【注釋】

本義是治理、整治。《左傳》：「無日不討軍實而申警之。」引申為探求、研究，今有「探討」。「修」亦有治理與研究義，同步引申也。今有「討債」「討饒」者，求取義也。「討厭」者，招惹義也。

諳 𧮟 ān　　悉也。从言，音聲。〔烏含切〕

【注釋】

本義是熟悉，白居易《憶江南》：「風景舊曾諳。」今有「諳練」，熟練也。

讄 𧮢 lěi　　禱也。纍功德以求福。《論語》云：讄曰：禱爾於上下神祇。从言，纍省聲。〔力軌切〕𧮷 或不省。

【注釋】

本義是祝禱求福，又通「誄」，哀悼死者的文章。段注：「按讄施於生者以求福，誄施於死者以作謚。」

謚 shì（謚）　行之跡也。从言、兮、皿。闕。〔徐鍇曰：兮聲也。〕〔神至切〕

【注釋】

今謚號之本字也。《說文》：「謚，笑貌。」非本字明矣，然古書多用謚字，段注認為《說文》原本作謚，謚乃後人妄改。

古者「公」「王」「帝」前的字多為謚號，如「齊桓公」「周文王」「漢武帝」。「祖」「宗」前的字多為廟號，如「唐太宗」「宋太祖」。廟號的選取也多參考謚號，如「哀宗」為亡國之君，「英宗」為功業不足之君。唐以前帝王多稱謚號，以後因謚號加長多稱廟號，明清二代一帝一元制，多稱年號。

誄 lěi　謚也。从言，耒聲。〔力軌切〕

【注釋】

敘述死者的事蹟，表示哀悼。《紅樓夢》有「癡公子杜撰芙蓉誄」，乃賈寶玉為晴雯撰寫之誄文也。後作為一種哀祭文體。

謑 xǐ　恥也。从言，奚聲。〔胡禮切〕 謑，或从奊。

【注釋】

今「奚落」之本字也。《廣雅》：「謑，恥也。」「謑詬」，侮辱、辱罵也。

詬 gòu　謑詬，恥也。从言，后聲。〔呼寇切〕 詬，或从句。

【注釋】

本義是恥辱，司馬遷《報任安書》：「詬莫大於宮刑。」引申有辱罵義，今有「詬罵」。引申為批評，今有「詬病」。

諜 dié　軍中反間也。从言，枼聲。〔徒叶切〕

【注釋】

本義是刺探、偵查，《左傳》：「羅人欲伐之，使伯嘉諜之。」今有「間諜」。段注：「《釋言》：間，倪也。郭云：『《左傳》謂之諜，今之細作也。』太史公書借為牒劄字。」

該 諴 gāi　　軍中約也。从言，亥聲。讀若心中滿該。〔古哀切〕

【注釋】

段注：「凡俗云當該者皆本此。」常用義為具備、充備，《楚辭》：「招具該備，永嘯呼些。」今有「該備」「瞻該」「該詳」。此義又作「賅」。「該」在上古無應該義。

譯 譯 yì　　傳譯四夷之言者。从言，睪聲。〔羊昔切〕

【注釋】

簡體字译乃草書楷化字形，「澤」「釋」亦同。本義是翻譯。《禮記・王制》：「五方之民，言語不通，嗜欲不同。達其志，通其欲，東方曰寄，南方曰象，西方曰狄鞮，北方曰譯。」後稱翻譯為「象寄譯鞮」。

訄 訄 qiú　　迫也。从言，九聲。讀若求。〔巨鳩切〕

【注釋】

本義是逼迫。章太炎有《訄書》，書名用意是「逑鞠迫言」，謂窮蹙的環境迫使他說出非說不可的話。段注：「今俗謂逼迫人有所為曰訄。」

謚 謚 xì　　笑貌。从言，益聲。〔伊昔切〕，又〔呼狄切〕

【注釋】

見上「謚」字注。

譶 譶 tà　　疾言也。从三言。讀若沓。〔徒合切〕

【注釋】

本義是說話快。快則單位時間內次數就多，故有雜沓義。「讀若沓」，許書以讀若破假借也。

文二百四十五　重三十三

詢　𦧈 xún　　謀也。从言，旬聲。〔相倫切〕

【注釋】

本義是詢問、諮詢。

讜　𧭣 dǎng　　直言也。从言，黨聲。〔多朗切〕

【注釋】

本義是正直的話，如「讜言」「讜論」。

譜　𧬁 pǔ　　籍錄也。从言，普聲。《史記》从並。〔博古切〕

【注釋】

本義是譜錄、譜牒。又編排、記錄，《史記・三代世表》：「自殷以前諸侯不可得而譜。」全祖望《梅花嶺記》：「譜汝諸孫中。」「譜列」，按照事物的系統和類別編排。

詎　𧩲 jù　　詎猶豈也。从言，巨聲。〔其呂切〕

【注釋】

表示反問，豈也。又表假設，「詎非」相當於「自非」，如果不是。《國語》：「詎非聖人，不有外患，必有內憂。」

謏　𧭲 xiǎo　　小也，誘也。从言，叟聲。《禮記》曰：足以謏聞。〔先鳥切〕

【注釋】

本義是小。《玉篇》：「謏，小也。」「謏才」謂小才也；「謏見」謂淺見也；「謏能」，謙稱才能淺陋；「謏言」，謙稱自己的言論。

謎　𧮫 mí　　隱語也。从言、迷，迷亦聲。〔莫計切〕

誌 𧪥 zhì（志）　　記誌也。从言，志聲。〔職吏切〕

【注釋】

後簡化作志。《說文》:「志，意也。」乃意志字，非本字明矣。

訣 𧮉 jué　　訣別也。一曰：法也。从言，決省聲。〔古穴切〕

【注釋】

「訣別」謂不再相見的分別，今有「永訣」。從夬之字多有缺義，見「夬」字注。「一曰：法也」，訣有辦法義，今有「秘訣」「口訣」。

文八　新附

誩部

誩 𧮦 jìng　　競言也。从二言。凡誩之屬皆从誩。讀若競。〔渠慶切〕

【注釋】

本義是爭論。

善 𧮫 shàn（善）　　吉也。从誩，从羊。此與義、美同意。〔常衍切〕 𦎍 篆文善，从言。

【注釋】

本義是好，吉、善互訓。友好也叫善，今有「友善」，如「二人相善」。「交善」謂交好，相對為「交惡」。引申為愛惜義，《荀子》:「善日者王，善時者霸。」引申為容易、易於，今有「善變」「善疑」。擅長則熟悉，引申熟悉義，今有「面善」，一義為面熟也。

「健」有好義，也有擅長、易於義，今有「健談」「健忘」。「好」「喜」都有此二義，如「輪胎時間長了好爆」，《百喻經・婆羅門殺子喻》:「人命難知，計算喜錯。」同步引申也。

競 𧮰 jìng（竞）　　強語也。一曰：逐也。从誩，从二人。〔渠慶切〕

【注釋】

今簡化作竞。「一曰：逐也」，今競賽、競爭義也。《商君書》:「君賞明，則民競

於功。」常用義是強勁，競、強一聲之轉也。「競爽」謂精明強幹。

《左傳·襄公十八年》：「晉人聞有楚師，師曠曰：不害，吾驟歌北風，又歌南風，南風不競，多死聲，楚必無功。」南方楚國的音樂，樂聲低沉微弱，從而知軍隊士氣低落。後「南風不競」比喻競賽失利。《晉書·王羲之傳》：「年數歲，嘗觀門生樗蒲，曰：南風不競。」

讟 𧮫 dú　　痛怨也。从誩，賣聲。《春秋傳》曰：民無怨讟。〔徒谷切〕

【注釋】

本義是怨恨，常「怨讟」連用。又誹謗也，如「誹讟」「讟謗」「訧讟」。段注：「《方言》：讟，謗也。讟，痛也。二義相足。」

文四　重一

音部

音 𡤻 yīn　　聲也。生於心，有節於外，謂之音。宮商角徵羽，聲；絲竹金石匏土革木，音也。从言含一。凡音之屬皆从音。〔於今切〕

【注釋】

單處為聲，和比曰音。聲是單個的音，聲即五聲音階中單個的音級，故叫「五聲」。十二律定絕對音高，故也是「聲」。音是調和、排比五聲而成一定的旋律，八種樂器演奏的音都不是單純的聲，而是音，故叫「八音」。故引申為音樂義，《樂記》：「聲成文謂之音。」音又有消息義，今有「音信」「音訊」，同義連文。信、訊都有消息義。

從另一個角度看，人唱出的是聲，樂器發出的是音。《管子·內業》：「不可呼以聲，而可迎以音。」後代這種區別仍有殘存，如「聲樂」與「音樂」相對。前者是人唱的音樂，後者是樂器演奏的音樂。諺語有「說話聽聲，鑼鼓聽音」。日本漢語借詞，「音」指物的聲音，而「聲」指人和動物的聲音，保留了中國古代字義的區別。

響 𦗔 xiǎng（响）　　聲也。从音，鄉聲。〔許兩切〕

【注釋】

今簡化作响。本義是回聲，泛指聲音。「影響」本義是影子和回聲，如「影之隨

形，響之隨聲」。近代漢語中「影響」有消息義。

段注：「響，聲也。渾言之也。《天文志》曰：鄉之應聲。析言之也，鄉者假借字。按《玉篇》曰：響，應聲也。」

籊 鞈 ān　　下徹聲。从音，酓聲。〔恩甘切〕

韶 韽 sháo　　虞舜樂也。《書》曰：蕭韶九成，鳳皇來儀。从音，召聲。〔市招切〕

【注釋】

本義是音樂名，即韶樂，孔子聽了三月不知肉味者。引申為美好義，「韶華」，美好的年華。薛寶釵詩：「韶華休笑本無根，幾曾隨逝水，豈必委芳塵。」「來儀」，同義連文。儀，來也。《方言》：「格、儀，來也。」

段注：「《樂記》曰：韶，繼也。簫之言肅，舜時民樂其肅敬而紹堯道，故謂之簫韶。」

章 章 zhāng　　樂竟為一章。从音，从十。十，數之終也。〔諸良切〕

【注釋】

本義是音樂的一段。章相當於現在的一段，古詩配樂，《詩經・關雎》四句成章，四章成篇。章連成篇，故文章的一段也叫一章，整個文章才叫一篇。引申為規則、條理、法度，今有「率由舊章」「章法」「雜亂無章」。

引申有花紋義，「文章」泛指花紋，分而言之，青赤為文，赤白為章。《捕蛇者說》：「黑質而白章。」有花紋的絲織品謂之章，如「終日不成章，泣涕零如雨」。引申出明顯義，如「章明較著」，四字同義連文。「辨章學術，考鏡源流」，謂辨明也。引申出表揚義，如「章善揚惡」，後寫作「彰」。

竟 竟 jìng　　樂曲盡為竟。从音，从人。〔居慶切〕

【注釋】

本義是樂曲的終了，泛指終了，曹操《短歌行》：「神龜雖壽，猶有竟時。」引申最終義，如「有志者，事竟成」。「竟日」，整天也。「竟世」，終生也。引申有追究義，今有「究竟」。竟者，究也。虛化為副詞究竟、終究義，《天論》：「道竟何為也？」竟

然義乃後起。

段注:「曲之所止也,引申之凡事之所止,土地之所止皆曰竟。此猶章从音十會意,儿在人下,猶十為數終也,故竟不入《儿部》。」

文六

韻 韻 yùn(韵)　　和也。从音,員聲。裴光遠云:古與均同,未知其審。
〔王問切〕

【注釋】

簡化作韵,俗字也。本義是和諧悅耳的聲音,《與朱元思書》:「好鳥相鳴,嚶嚶成韻。」引申文采義,今有「流風遺韻」。又風度義,如「風韻猶存」。

文一　新附

辛部

辛 𡴁 qiān　　罪也。从干、二。二,古文上字。凡辛之屬皆从辛。讀若愆。
張林說。〔去虔切〕

【注釋】

辛乃愆之初文也,今有「罪愆」。《廣韻》:「辛,古文愆。」「讀若愆」者,許書有用讀若破假借之例。

童 𩕄 tóng　　男有罪曰奴。奴曰童,女曰妾。从辛,重省聲。〔徒紅切〕
𩕄 籀文童,中與竊中同从廿。廿,以為古文疾字。

【注釋】

童本義是男奴隸。古有髡刑,古者奴隸多為受刑之罪人,剃髮,故童有光禿義。今有「濯濯童山」「頭童齒豁」。童之為言禿也,一聲之轉也。從童之字多有光禿義,小牛無角,故謂之犝,《易經》:「童牛之牿。」無角即少弱,故未成年者亦謂之童,後作「僮」。又產生出愚昧義,今有「童蒙時期」「反慧為童」。

段注:「今人童僕字作僮,以童為僮子字。蓋經典皆漢以後所改。」

妾 qiè　有罪女子，給事之得接於君者。从䇂，从女。《春秋》云：女為人妾，妾不娉也。〔七接切〕

【注釋】

能夠被君主接觸，並能為君主供職的有罪女子。妾之本義為女性奴隸，臣為男性奴隸，常連用。《周易》：「臣妾逋逃。」《吳越春秋》：「越王句踐云：身請為臣，妻請為妾。」後作女子謙稱。

文六　重二

丵部

丵 zhuó　叢生艸也。象丵嶽相併出也。凡丵之屬皆从丵。讀若浞。〔士角切〕

【注釋】

丵，卓也。本義是草突出貌。丵嶽，猶卓越也，皆突出之貌。王筠《說文句讀》：「丵嶽，蓋爭高競長之狀。」段注：「丵嶽疊韻字，或作族岳，吳語不經見者謂丵嶽。」

業 yè（业）　大版也。所以飾栒縣鍾鼓，捷業如鋸齒，以白畫之，象其鉏鋙相承也。从丵，从巾。巾，象版。《詩》曰：巨業維樅。〔魚怯切〕 古文業。

【注釋】

今簡化字业，保留上部構件。版，同「板」。業之本義為古時覆蓋在樂器架子橫木上的大木板，刻如鋸齒狀。引申之，古代寫字用的大方版也叫業，《爾雅》：「大版謂之業。」故書版謂之業。今「畢業」一詞，字面意思謂大版子書讀完了，「肄業」謂正在讀大版子書。肄，學也。

業常用有已經義，今有「業已」，同義連文。業有大義，「業業」，大也。《詩經》：「四牡業業。」有擔心、害怕義，今有「兢兢業業」。

「栒虡」謂懸掛鐘磬的架子，橫牽者為栒，直立者為虡。栒，或作筍，懸樂器的橫木。虡，架子兩旁的柱子。業，是橫木上覆蓋的大板。業《三才圖會》有圖像，可

參。「捷業」，參差貌。捷業如鋸齒謂參差如鋸齒貌。鍾磬是掛在枸上，非掛在業上，業上的鋸齒起裝飾作用。

叢 𧄔 cóng（丛）　　聚也。从丵，取聲。〔徂紅切〕

【注釋】

丛乃另造之俗字，古以「从」代「叢」，後下加一橫以示區別。叢本義是聚集，又指叢生的草木，今有「草叢」。又指繁雜、叢雜義，今有「叢生」。從取之字多有聚集義，見前注。

對 𣉟 duì（對、对）　　應無方也。从丵，从口，从寸。〔都隊切〕𣉟對，或从士。漢文帝以為責對而為言多，非誠對，故去其口，以从士也。

【注釋】

今通行重文對。对為符號稱代俗字也。對之本義即應答，今有「對答如流」。引申為對付義，引申為敵手義，今有「敵對」，同義連文。引申為配偶義，如「擇對不嫁」，今有「對象」「配對」。

文四　重二

丵部

丵 𦫳 pú　　瀆丵也。从丵，从廾，廾亦聲。凡丵之屬皆从丵。〔臣鉉等曰：瀆，讀為煩瀆之瀆。一本注云：丵，眾多也。兩手奉之，是煩瀆也。〕〔蒲沃切〕

僕 𠊜 pú（仆）　　給事者。从人，从丵，丵亦聲。〔蒲沃切〕𡘊古文，从臣。

【注釋】

《說文》：「仆，頓也。」朱駿聲曰：「前覆曰仆，後仰曰偃。」僕、仆古代為二字，今簡化歸併為一字。僕之本義即奴僕。古代奴隸有六個等級，從高到低依次是：皁、輿、隸、僚、僕、臺。

男子謙稱自己也用僕，《報任安書》：「如僕尚何言哉。」今日本男子第一人稱仍

用僕。駕車的人也謂之僕，《論語》:「子適衛，冉有僕。」「僕夫」謂駕車的人，《洛神賦》:「命僕夫而就駕，吾將歸乎東路。」「太僕」，九卿之一，管理皇帝車馬之官。

龏bān　　賦事也。从丵，从八。八，分之也，八亦聲。讀若頒。一曰：讀若非。〔布還切〕

【注釋】

此頒布之本字也。賦，分也。「讀若頒」，破假借也。《說文》:「頒，大頭也。」非本字明矣。

文三　重一

廾部

廾gǒng（廾）　　竦手也。从𠂇，从又。凡廾之屬皆从廾。〔居竦切〕 今變隸作廾。**楊雄說：廾从兩手。**

【注釋】

廾隸變或作廾，如弄、算；或作丌，如具、兵；或作大，如奐。

奉fèng　　承也。从手，从廾，丰聲。〔扶隴切〕

【注釋】

本義是捧著，奉是捧之初文。《說文》無捧字。

奉有正反二義，接受也，今有「奉命行事」。送出去也，今有「奉獻」「供奉」「奉送」。正反不嫌同辭也。另有供養義，今有「奉養」。又為敬辭，今有「奉陪」。「承」亦有接受、送出去、敬辭三義，同步引申也。

丞chéng　　翊也。从廾，从卩，从山。山高，奉承之義。〔署陵切〕

【注釋】

甲文作，上象兩隻手，下象人掉在陷阱裏，合起來表示救人於陷阱之中。本義是拯救，乃拯之初文。羅振玉《增訂殷虛書契考釋》:「象人陷阱中有拯之者，陷者在下，拯者在上，此即許書之丞字也，而義則為拯救之拯。許君於初義全不知，遂別以後出之拼代丞，而以承字之訓訓丞矣。」

翊，助也。丞常用義是輔助，如「丞相」。「縣丞」為縣長的副手，「府丞」乃知府的副手。古職官中帶「丞」者多為二把手，所謂「丞之職所以貳（輔助）令」也。

奐 𡙡 huàn　　取奐也。一曰：大也。从廾，夐省。〔臣鉉等曰：夐，營求也，取之義也。〕〔呼貫切〕

【注釋】

本義是交換，乃換之初文。常用義是盛大，今有「美輪美奐」。「奐奐」，文采鮮明貌。從奐之字多有大義，如喚（大聲叫）、煥（火光大）、渙（水大）、寏（圍牆）等。

弇 𠔦 gān / yǎn　　蓋也。从廾，从合。〔古南切〕，又〔一儉切〕𤲬 古文弇。

【注釋】

今掩蓋字之初文也，掩之異體字作揜，乃弇加手旁之分別文。《說文》：「掩，斂也。」非本字明矣。

𢍮 𢍮 yì　　引給也。从廾，睪聲。〔羊益切〕

【注釋】

今作為「擇」之俗字。

𢍰 𢍰 qí　　舉也。从廾，由聲。《春秋傳》曰：晉人或以廣墜，楚人𢍰之。黃顥說：廣車陷，楚人為舉之。杜林以為騏麟字。〔渠記切〕

异 𢍱 yì　　舉也。从廾，㠯聲。《虞書》曰：嶽曰异哉。〔羊吏切〕

【注釋】

異、异《說文》分為二字，後簡化統作异。

弄 𠔅 nòng　　玩也。从廾持玉。〔盧貢切〕

【注釋】

弄的本義是玩，今有「玩弄」保留本義。今弄玉、弄璋、弄瓦，皆玩義也。甲文作𤣥，林義光《文源》：「象兩手持玉形，兩手捧玉摩挲玩賞為弄之本義。」

引申出玩耍義，如「弄火」，《左傳》：「夷吾弱不好弄。」引申為演奏樂器，如「弄簫」。又指曲子，如「梅花三弄」。小巷謂之弄，乃後起之義。

奔 𤰞 yù　　兩手盛也。从廾，釆聲。〔余六切〕

棄 𢍮 juàn　　摶飯也。从廾，釆聲。釆，古文辨字。讀若書卷。〔居倦切〕

【注釋】

棄作偏旁時隸變作关，如卷、眷、券字。

弅 𢍬 kuí　　持弩拊。从廾、肉。讀若逵。〔臣鉉等曰：从肉，未詳。〕〔渠追切〕

戒 𢦒 jiè　　警也。从廾持戈，以戒不虞。〔居拜切〕

兵 𠔢 bīng　　械也。从廾持斤，並力之貌。〔補明切〕𠐭古文兵，从人、廾、干。𠔥籒文。

【注釋】

兵之本義是兵器，非士兵也。甲文作𢆶，象兩手持斤形。斤，斧也。兵是兵器，卒是步兵，士是戰車上的甲士，後皆泛指士兵，如「士卒」「兵卒」「士兵」。段注：「械者器之總名，器曰兵，用器之人亦曰兵。」

龏 𪔗 gōng　　愨也。从廾，龍聲。〔紀庸切〕

【注釋】

愨，誠也。此恭敬之古字也。高鴻縉《中國字例》：「恭字原作龏，後廾變為共，故有龔字，秦以後有恭字，音義不別。」段注：「此與《心部》恭音義同。」

弈 𢍻 yì　　圍棋也。从廾，亦聲。《論語》曰：不有博弈者乎？〔羊益切〕

—305—

【注釋】

本義是下圍棋。「圍棋也」謂下圍棋，後才指名詞。弈秋者，古之善弈者。秋，其名也。弈，其職業也。古者只有貴族有姓氏，平民無姓氏，在其名上加職業作為稱呼，如庖丁、優孟、醫和、輪扁之類者皆是。

具 具 jù　　共置也 [1]。从廾，从貝省 [2]。古以貝為貨。〔其遇切〕

【注釋】

[1] 共置者，準備也。共，供也。具的本義是準備飯食，《漢書》：「請語魏其具，將軍旦日早臨。」用的正是本義。引申出飯食義，「草具」謂粗劣的飯食，如「食以草具」。今有「具備」，同義連文。引申為全部、完備義，今有「一應具全」。又引申為才幹義，今有「才具」。引申出陳述義，如「條具風俗之弊」。

[2] 金文作具，上面是鼎，下面是雙手。表示雙手捧著盛有食物的鼎器（餐具）。本義是準備飯食。郭沫若《兩周金文辭大系考釋》：「古从鼎之字後多誤作貝，字象兩手舉鼎之形。」

文十七　重四

𠬞部

𠬞 𠬞 pān　　引也。从反廾。凡𠬞之屬皆从𠬞。〔普班切〕今變隸作大。攀 𠬞，或从手，从樊。

【注釋】

此攀登之初文。重文手置下即為攀字。攀者，拉也，引也，今有「攀援」，同義連文，援亦引拉也。段注：「《上林賦》：仰𠬞橑而捫天。晉灼曰：𠬞，古攀字。」

樊 樊 fán　　鷙不行也。从𠬞，从棥，棥亦聲。〔附袁切〕

【注釋】

今常用義是養鳥獸的籠子，今有「樊籠」；又籬笆也，今有「樊籬」。又邊也、旁也，《廣雅》：「樊，邊也。」如「大隱住朝市，小隱入山樊」。「樊然」，紛亂貌也。

段注：「《毛詩》：折柳樊圃。借為棥字。《莊子》：澤雉畜乎樊中。樊，籠也。亦是不行意。」

變 𡡫 luán　　攣也。从𡚢，絲聲。〔呂員切〕

【注釋】

今煩亂古字當作「樊樊」。段注：「此與《手部》攣音義皆同。《玉篇》云：攣，變也。」

文三　重一

共部

共 𦱹 gòng　　同也。从廿、卄。凡共之屬皆从共。〔渠用切〕𦱹古文共。

【注釋】

金文作𦱹，象人手捧器之形。本義是供奉、供給，乃供之初文也。「同也」，非其本義，許慎失之。引申出拱手義、環繞義，後作「拱」，《論語》：「為政，譬若北辰，居其所而眾星共之。」

龔 𧢲 gōng　　給也。从共，龍聲。〔俱容切〕

【注釋】

本義是給予，柳宗元《武岡銘》：「奉職輸賦，進比蕚人，無敢不龔。」又通「恭」，恭敬也，《漢書·王尊傳》：「象龔滔天。」師古注：「貌象恭敬，過惡漫天。」「龔行」謂恭敬的行為。見上「龏」字注。今多作姓氏，如龔自珍。

段注：「《糸部》曰：給，相足也。龔與《人部》供音義同，今供行而龔廢也。」

文二　重一

異部

異 𢌿 yì（异）　　分也。从廾，从畀。畀，予也。凡異之屬皆从異。〔徐鍇曰：將欲與物，先分異之也。《禮》曰：賜君子小人不同日。〕〔羊吏切〕

【注釋】

甲文作𢌿，羅振玉《增訂殷虛書契考釋》：「象人舉手自蔽形。」楊樹達《積微居金文說》：「象人頭上戴物，兩手捧之之形，蓋戴之初文，戴从㦻者，加聲旁耳。」

《說文》「异」「異」分為二字，今簡化字歸併為一，見前「异」字注。段注：「分

之則有彼此之異。」

戴 𩇍 dài　　分物得增益曰戴。从異，𢦐聲。〔都代切〕𢍜 籀文戴。

【注釋】

　　常用義是頂，「戴帽子」，顧名思義即頂著帽子。今有「不共戴天」「戴盆望天」。引申出擁護、愛護義，如「士民感戴之」，今有「愛戴」。段注：「引申之凡加於上皆曰戴。」

　　文二　重一

舁部

舁 𦥑 yú　　共舉也。从臼，从廾。凡舁之屬皆从舁。讀若余。〔以諸切〕

【注釋】

　　共舉者，抬也。象四手抬物形。本義即抬，實「輿」之初文。「舁夫」「舁人」，謂轎夫也。後加車作輿，「肩輿」謂轎子也。

𢍆 𢍆 qiān　　升高也。从舁，囟聲。〔七然切〕𢍉 𢍆，或从囟。𦥯 古文𢍆。

【注釋】

　　此遷之初文也。段注：「此與《辵部》遷音義同。囟音信，𢍆音遷，合音也。」

與 𦥸 yǔ（与）　　黨與也。从舁，从与。〔余呂切〕𦥝 古文與。

【注釋】

　　從与，与亦聲。黨與者，朋群也。此「輿論」之本字，輿者，眾也。「輿論」者，眾人之言論也。《說文》分與、与為二字，《說文》：「与，賜予也。」然典籍「与」字鮮用，簡化字歸併為「与」。

　　「與」有結交、交好義，《左傳》：「失其所與，不智。」「與國」謂友邦也，「相與」謂相交好也。「此人易與」謂此人易結交也。有參加義，今有「參與」，《左傳》：「蹇叔之子與師。」有贊同義，《論語》：「吾與點也。」有幫助義，「與人為善」，猶言助人學好也，今多指善意幫助別人。

興 𦥔 xīng（兴）　　起也。从舁，从同。同力也。〔虛陵切〕

【注釋】

兴乃草書楷化字形。本義為起，今有「興起」，同義連文。《爾雅》：「作、興，起也。」今「夙興夜寐」保留本義。「賦比興」手法，也叫「起興」。有興趣、興致義，李白《廬山謠》：「好為廬山謠，興因廬山發。」又有或許義，如「他興來，興不來」。

段注：「《周禮》六詩：曰比，曰興。興者託事於物。按古無平去之別也。」

文四　重三

臼部

臼 𦥑 jū　　叉手也。从𦥑、彐。凡臼之屬皆从臼。〔居玉切〕

【注釋】

「臼」乃「掬」之初文也。

要 𦥼 yāo　　身中也。象人要自臼之形。从臼，交省聲。〔於消切〕，又〔於笑切〕𦥼 古文要。

【注釋】

要為腰之初文，本義即人之腰部。故引申出半路攔截義，如「於半路要之」。腰為人體重要的部位，故引申出重要義；引申出總括義，古文結尾常用「要之」，即總之也；簡約義，今有「簡要」。常用有求取義。要，求也，今有「要求」，同義連文。「要功」即邀功也。

文二　重一

晨部

晨 𦥶 chén　　早昧爽也。从臼，从辰。辰，時也。辰亦聲。𦥵夕為夙，臼辰為晨，皆同意。凡晨之屬皆从晨。〔食鄰切〕

【注釋】

《說文》之「同意」謂造字原理同，非謂義同也。

楊樹達《積微居小學述林》：「如許說，臼辰二字義不相合，辰時不能以手臼也。辰，田器也，農民兩手持辰往田，為時甚早，故以兩手持辰表昧爽之義。」

農 🥬 nóng（农）　　耕也。从晨，囟聲。〔徐鍇曰：當从凶乃得聲。〕〔奴冬切〕🥬 籀文農从林。🥬 古文農。🥬 亦古文農。

【注釋】

农乃草書楷化字形。甲文作🥬，從林，從辰。辰是犁，表耕作。金文作🥬、🥬，從田、從辰會意。字或從草從林，示田之所在，必有草木也。

段注改作「耕人也」，云：「各本無人字，今依《玄應書》卷十一補。」

文二　重三

爨部

爨 🥘 cuàn　　齊謂之炊爨。臼象持甑，冂為灶口，廾推林內火。凡爨之屬皆從爨。〔七亂切〕🥘 籀文爨，省。

【注釋】

本義是生火做飯，「分爨」謂兄弟分家。

𡕴 🥘 qióng　　所以枝鬲者。從爨省，鬲省。〔渠容切〕

【注釋】

支鬲的足架。

釁 🥘 xìn（衅）　　血祭也。象祭灶也，從爨省，從酉。酉，所以祭也。從分，分亦聲。〔臣鉉等曰：分，布也。〕〔虛振切〕

【注釋】

釁，俗作衅，今保留衅字。古者殺牲以血塗抹器物之縫隙謂之釁。故引申出塗抹義、縫隙義，今「尋釁」猶言找茬也。

「釁」有縫隙義，有徵兆義，「朕」「兆」皆有此二義，同步引申也。「釁」有

災難義，《陳情表》：「臣以險釁，夙遭閔凶。」有罪過義，今有「釁惡」，罪惡也；「釁過」，過失也。災難、罪過常相關，「孽」亦有此二義，同步引申也。

　　段注：「殺牲以血塗其釁隙，因以祭之曰釁。按凡言釁廟、釁鐘、釁鼓、釁寶鎮寶器、釁龜策、釁宗廟名器皆同。」

　　文三　重一

卷三下

革部

革 革 gé　　獸皮治去其毛，革更之。象古文革之形。凡革之屬皆从革。〔古核切〕𩍂 古文革，从三十。三十年為一世，而道更也。臼聲。

【注釋】

革之本義為獸皮，與今之革有別。帶毛謂之皮，無毛謂之革；動物的皮曰皮，人之皮曰膚。故有護膚霜，無護皮霜。常用義是變更，「革命」本義是變更天命也。又（病）危急，通「亟」，《禮記》：「子之病革矣。」

段注：「治去其毛，是更改之義，故引申為凡更新之用。皮與革二字對文則分別，如秋斂皮，冬斂革，是也。散文則通用。」

鞹 𩏶 kuò（鞟）　　去毛皮也。《論語》曰：虎豹之鞹。从革，郭聲。〔苦郭切〕

【注釋】

本義是皮革，俗字作鞟。《論語·顏淵》：「虎豹之鞟，猶犬羊之鞟。」引申為用皮革捆縛，《呂氏春秋》：「使吏鞹其拳，膠其目。」

靬 𩎺 jiān　　靬乾革也。武威有麗靬縣。从革，干聲。〔苦旰切〕

【注釋】

「靬乾革也」當作「乾革也」，「靬」乃復舉字刪之未盡者。

絡 鞾 luò　　生革可以為縷束也。从革，各聲。〔盧各切〕

【注釋】

段注：「《小雅》：約之閣閣。毛曰：約，束也。閣閣猶歷歷也，按閣讀如絡。《秦風》五棵，傳曰：五束歷錄。生革縷束曰絡者，謂束之歷錄也。」

鞄 鞄 páo　　柔革工也。从革，包聲。讀若樸。《周禮》曰：柔皮之工鮑氏。鞄即鮑也。〔蒲角切〕

鞃 鞃 yùn　　攻皮治鼓工也。从革，軍聲。讀若運。〔王問切〕鞃 鞃，或从韋。

鞣 鞣 róu　　軟也。从革，从柔，柔亦聲。〔耳由切〕

【注釋】

此「柔軟」之後起本字也。《說文》：「柔，木曲直也。」本義是木可直可曲。從柔之字多有軟義，如煣（用火烘木使彎曲或直）、鍒（熟鐵）、腬（肥肉）等。

鞄 鞄 dá　　柔革也。从革，从旦聲。〔旨熱切〕鞾 古文鞄，从亶。

鞼 鞼 guì　　韋繡也。从革，貴聲。〔求位切〕

鞶 鞶 pán　　大帶也。《易》曰：「或錫之鞶帶。」男子帶鞶，婦人帶絲。从革，般聲。〔薄官切〕

【注釋】

古人之腰帶有二：一為大帶，即紳。《說文》：「紳，大帶也。」作以白絹，用於束腰。縉紳者，插笏於紳也。縉通搢，搢者，插也。二為革帶，即鞶，繫於大帶之內，用於懸掛雜佩。許慎謂鞶為大帶，蓋混言不別也。詳見「帶」字注。

鞶又指小囊、小荷包，盛帨巾者。《內則》：「男鞶，革；女鞶，絲。」蓋如清代禮服上所佩荷包。此另一意。

今按：同一名物，不同經學家解釋多有分歧，此經學與小學之大不同者也。鄭

玄認為鞶指小囊，士大夫只用大帶，不用鞶帶；毛傳、許慎認為鞶是腰帶。許書多宗毛，詳見段注。

鞏 𩏷 gǒng（巩）　　以韋束也。《易》曰：鞏用黃牛之革。从革，巩聲。〔居竦切〕

【注釋】

本義為捆綁，引申為堅固義，今有「鞏固」，同義連文。古鞏、巩為二字，《說文》：「巩，抱也。」此字鮮用。後簡化漢字巩、鞏歸併為一字。又有恐懼義，《荀子·君道》：「故君子恭而不難，敬而不鞏。」「鞏鞏」，恐懼貌。

鞔 𩎋 mán　　履空也。从革，免聲。〔徐鍇曰：履空猶言履殼也。〕〔母官切〕

【注釋】

段注：「按空、腔古今字，履腔如今人言鞋幫也。」

靸 𩎢 sǎ　　小兒履也。从革，及聲。讀若沓。〔穌合切〕

【注釋】

古代小兒穿的鞋子，前幫深而覆腳，無後幫。形制與之類似的拖鞋也叫「靸」。「靸拉」謂拖著鞋子。見前「跋」字注。

䩨 𩎡 áng　　䩨角，鞮屬。从革，卬聲。〔五岡切〕

【注釋】

䩨角即今之木屐。

鞮 𩏕 dī　　革履也。从革，是聲。〔都兮切〕

【注釋】

即今之皮鞋。段注：「『胡人履連脛，謂之絡鞮』，各本無此九字，《韻會》引有。《釋名》曰：靴本胡服，趙武靈王所服也。」

鞈 𩎴 jiá　　鞮鞈沙也。从革，从夾，夾亦聲。〔古洽切〕

【注釋】

鞅沙，古代的一種靴子。

鞭 xǐ（屣）　　鞮屬。从革，徙聲。〔所綺切〕

【注釋】

俗作屣。《說文》無屣字。

鞵 xié（鞋）　　革生鞮也。从革，奚聲。〔戶佳切〕

【注釋】

俗作鞋。《說文》無鞋字。「革生鞮」者，段注改作「生革鞮」。故鞋本是皮鞋，後作為鞋之泛稱。

靪 dīng　　補履下也。从革，丁聲。〔當經切〕

【注釋】

今補丁之本字也。段注：「今俗謂補綴曰打補靪，當作此字。」

鞠 jū　　蹋鞠也。从革，匊聲。〔居六切〕鞫鞠，或从簆。

【注釋】

鞠之本義為皮球，古有蹴鞠之戲。蹋鞠者，踢皮球也。蹋，今作踏，踢也。常用養育、撫養義，《爾雅》：「鞠，生也。」《方言》：「鞠，養也。」《詩經》：「父兮生我，母兮鞠我。」「鞠養」，撫養也。「鞠育」謂教育撫育也。

又有彎曲義，今有「鞠躬」，引申為小心謹慎，今有「鞠躬盡瘁」。又通「鞫」，審訊或審查。「鞠理」謂審理。「鞠治」，問罪也。

段注：「蹴鞠者，傳言黃帝所作，或曰起戰國之時。蹋鞠，兵勢也，所以練武士，知有材也，皆因嬉戲而講練之。毛丸可蹋戲者曰鞠，今通謂之毬子。」

鞉 táo（鼗）　　鞉遼也。从革，召聲。〔徒刀切〕鞉鞉，或从兆。鼗鞉，或从鼓，从兆。𪔛籀文鞉，从殸、召。

【注釋】

今通行重文鼗，撥浪鼓也。《周禮》注：「鼗如鼓而小，持其柄搖之，旁耳還自擊。」

鞙 鞙 yuān　　量物之鞙。一曰：抒井鞙。古以革。从革，冤聲。鞙 鞙，或从宛。〔於袁切〕

鞞 鞞 bǐng　　刀室也。从革，卑聲。〔并頂切〕

【注釋】

刀室即刀鞘。

鞎 鞎 hén　　車革前曰鞎。从革，艮聲。〔戶恩切〕

鞃 鞃 hóng　　車軾中靶也。从革，弘聲。《詩》曰：鞹鞃淺幭。讀若穹。〔丘弘切〕

【注釋】

車軾上段裹上皮革以便人倚的部分。

鞪 鞪 mù　　車軸束也。从革，敄聲。〔莫卜切〕

【注釋】

纏在車轅上使之牢固，並作裝飾的皮帶。《詩經》：「小戎俴收，五楘梁輈。」「五楘」謂用皮革纏在車轅成×形，起加固和修飾作用。五，古文作×。

桂馥《義證》：「此與《木部》楘音同義近。楘謂輈束，鞪謂軸束。」王筠《句讀》：「楘、鞪一字，束之者革，所束者木也。」

鞁 鞁 bì　　車束也。从革，必聲。〔毗必切〕

鑚 鑚 zuān　　車衡三束也。曲轅鑚縛，直轅篲縛。从革，爨聲。讀若《論語》「鑽燧」之鑽。〔借官切〕 鑚 鑚，或从革、贊。

【注釋】

　　段注：「曲轅謂兵車、乘車、田車，皆小車也。直轅謂牛車，所謂大車也。小車人所乘，欲其安，故暢轂梁輈。大車任載而已，故短轂直轅。」

　　鞊 𩍠 zhì　　蓋杠絲也。从革，旨聲。〔徐鍇曰：絲，其繫系也。〕〔脂利切〕

　　鞁 𩎢 bèi　　車駕具也。从革，皮聲。〔平祕切〕

【注釋】

　　鞍和轡的統稱，即套車的裝具。又指把鞍轡等套在牲口上，如「鞁馬」，又寫作「鞴」。

　　鞧 𩎀 è　　轡鞧。从革，弇聲。讀若應。一曰：龍頭繞者。〔烏合切〕

　　靶 𩎃 bà　　轡革也。从革，巴聲。〔必駕切〕

【注釋】

　　轡革者，轡繩上駕者所把之革。今作箭靶字。

　　鼉 𩎬 xiǎn（韅）　　著掖鞧也。从革，顯聲。〔呼典切〕

【注釋】

　　俗作韅，指駕車時套在牲口腹部的皮帶。段注：「按古假顯為之。《檀弓》子顯，公子縶也。盧氏植云：古者名字相配，顯當作韅。」

　　靳 𩎞 jìn　　當膺也。从革，斤聲。〔居近切〕

【注釋】

　　膺者，胸也。本義是轅馬當胸的皮革，故作為轅馬的代稱，《左傳》：「吾從子，如驂之靳。」古車制，一車四馬，驂馬要稍後於轅馬（服馬），驂馬之首當轅馬之胸，胸上有革，即靳也。「如驂之靳」猶今唯馬首是瞻也。「靳」常用義是吝嗇，如「靳固」「靳秘」。

鞳 鞳 chěng　　驂具也。从革，蚩聲。讀若騁蠆。〔丑郢切〕

靷 靷 yǐn　　引軸也。从革，引聲。〔余忍切〕鞇 籀文靷。

輨 輨 guǎn　　車軶具也。从革，官聲。〔古滿切〕

鞪 鞪 dòu　　車軶具也。从革，豆聲。〔田候切〕

䩜 䩜 yú　　輨內環靶也。从革，于聲。〔羽俱切〕

轉 轉 bó　　車下索也。从革，專聲。〔補各切〕

鞥 鞥 è　　車具也。从革，奄聲。〔烏合切〕

轣 轣 zhuó　　車具也。从革，叕聲。〔陟劣切〕

鞌 鞌 ān（鞍）　　馬軶具也。从革，从安。〔烏寒切〕

【注釋】

今作鞍。段注：「此為跨馬設也。《左傳》『趙旃以良馬二，濟其兄與叔父』，『左師展將以公乘馬而歸』，三代時非無跨馬者矣，《春秋經》有鞌字。」

鞳 鞳 róng　　鞍㯱飾也。从革，茸聲。〔而隴切〕

鞊 鞊 tié　　鞍飾。从革，占聲。〔他叶切〕

䩉 䩉 jiá　　防汗也。从革，合聲。〔古洽切〕

【注釋】

古代用皮革製的護胸甲。段注：「此當作『所以防捍也』，轉寫奪誤。」

勒 勒 lè　　馬頭絡銜也。从革，力聲。〔盧則切〕

【注釋】

本義為套在馬頭上繫著嚼子的皮革，即馬籠頭。今有「懸崖勒馬」。銜是馬嚼子，《說文》：「銜，馬勒口中也。」銜乃勒之一部分，即馬口中鐵也。鑣為馬嚼子兩端露出嘴外的部分，今有「分道揚鑣」。轡為韁繩，《詩》曰：「六轡在手。」羈是沒有馬嚼子的馬勒。今出土之車馬，有以皮條飾成的飾貝絡頭，馬口無銜，即為羈。

引申出約束、強制義，今有「勒令」「懸崖勒馬」。「勒索」謂強要也。引申有統率、率領義，今有「勒兵」。又有雕刻義，如「勒石」「勒碑」。范仲淹《漁家傲》：「燕然未勒歸無計。」「手勒」猶手書也，舊時尺牘用語，又作「手泐」。

段注：「勒，馬頭落銜也。落謂絡其頭，銜謂關其口，統謂之勒也。其在口中者謂之銜。此云落銜者，謂落其頭而銜其口，可控制也。引申之為抑勒之義，又為物勒工名之義。」

鞙 𩍂 xuàn　　大車縛軛靼。从革，肙聲。〔狂沇切〕

【注釋】

大車上綁軛的皮條。

鞔 𩎕 miǎn　　勒靼也。从革，面聲。〔彌沇切〕

靲 𩎅 qín　　鞻也。从革，今聲。〔巨今切〕

【注釋】

皮製的鞋。一說皮製鞋的帶子。

鞬 𩎯 jiān　　所以戢弓矢。从革，建聲。〔居言切〕

【注釋】

馬上的盛弓器。《廣韻》：「鞬，馬上藏弓矢器。」

韇 𩏦 dú　　弓矢韇也。从革，賣聲。〔徒谷切〕

鞲 𩏓 shuī　　綏也。从革，巂聲。〔山垂切〕

【注釋】

馬鞍上懸垂的一種裝飾。

鞭鞍jí　　急也。从革，亟聲。〔紀力切〕

【注釋】

《說文》：「亟，敏急也。」鞭蓋後起俗字也。

鞭鞭biān　　驅也。从革，便聲。〔卑連切〕　金 古文鞭。

【注釋】

本義是鞭打、驅使。「鞭策」，本義是兩種鞭子，鞭用皮做，可以打馬；策用竹做，有尖端，可以刺馬。

鞅鞍yāng　　頸靼也。从革，央聲。〔於兩切〕

【注釋】

本義是用馬拉車時安在馬脖子上的皮帶。鞅又叫頸靼，用於縛結軛的雙腳，起固定軛於馬頸的作用。今作為商鞅字。「鞅掌」謂事務繁忙的樣子。

鞭鞍hù　　佩刀絲也。从革，蔓聲。〔乙白切〕

鞭鞭tuó　　馬尾鞭也。从革，它聲。今之般緧。〔徒何切〕

【注釋】

即後緧也，套車時兜在駕轅牲口屁股周圍的皮帶。

鞭鞍xié　　繫牛脛也。从革，見聲。〔己彳切〕

文五十七　重十一

鞘鞭qiào　　刀室也。从革，肖聲。〔私妙切〕

【注釋】

刀室，即刀鞘也。古常寫作削字，鞘為後起字。

鞬 鞯 jiān　　馬鞍具也。从革，薦聲。〔則前切〕

【注釋】

俗字作韉，本義是馬鞍下面的墊子。《木蘭詩》：「東市買駿馬，西市買鞍韉。」「鞍韉」指馬鞍和馬鞍下面的墊子。

鞾 鞾 xuē（靴）　　鞮屬。从革，華聲。〔許靴切〕

【注釋】

後作靴。古叫絡鞮。靴子來自胡地，趙武靈王推行胡服騎射而傳入中原。

靮 靮 dí　　馬羈也。从革，勺聲。〔都歷切〕

文四　新附

鬲部

鬲 鬲 lì　　鼎屬，實五穀。斗二升曰𣪠。象腹交文，三足。凡鬲之屬皆從鬲。〔郎激切〕鬲，或从瓦。鬳《漢令》鬲，从瓦，麻聲。

【注釋】

鼎、鬲皆三條腿，鼎足實，鬲足中空，即有三個空心足，可以增加受熱面積，故常用來煮粥。鼎是祭祀所用，乃禮器，比較正式，鬲是家居所用。楊樹達《積微居小學述林》：「鬲為純象形字，甌為加義旁字，𦉢則純形聲字。」

𩰽 𩰽 yǐ　　三足鍑也。一曰：滫米器也。从鬲，支聲。〔魚綺切〕

【注釋】

段注：「鍑如釜而大口。《廣雅》：𩰽，𪔊也。」

鬶 鬶 guī　　三足釜也，有柄喙。讀若嬀。从鬲，規聲。〔居隨切〕

【注釋】

古代一種形狀像鼎的陶製炊具，有三個空心的足，如「袋足陶鬶」。段注：「《廣雅》：鬶，𪔊也。有柄喙，有柄可持，有喙可寫物，此其別於𩰽者也。」

鬷 𩰿 zōng　　釜屬。从鬲，㚇聲。〔子紅切〕

【注釋】

古代的一種釜。又通「總」，聚集。語出《詩經》：「鬷假無言。」毛傳：「鬷，總。假，大也。總大無言，無爭也。」孔穎達疏：「莫不總集大眾而能寂然無言語。」後以「鬷假」指大眾。

䰝 𩰲 guō（鍋）　　秦名土釜曰䰝。从鬲，冎聲。讀若過。〔古禾切〕

【注釋】

即今鍋字，《說文》無鍋。段注：「今俗作鍋。」

鬵 𩰽 xín　　大釜也。一曰：鼎大上小下若甑曰鬵。从鬲，兓聲。讀若岑。〔才林切〕𤮕 籀文鬵。

【注釋】

常「釜鬵」連用。

鬒 𩰼 zèng（甑）　　鬵屬。从鬲，曾聲。〔子孕切〕

【注釋】

同甑字。古代蒸飯的一種瓦器，底部有透蒸氣的孔格，置於鬲上，鬒、鬲配套使用，如同現代的蒸鍋。

䩓 𩰾 fǔ（釜）　　鍑屬。从鬲，甫聲。〔扶雨切〕釜 䩓，或从金，父聲。

【注釋】

今通行重文釜字。鍋也，成語有「破釜沉舟」。段注：「升四曰豆，豆四曰區，區四曰䩓。今經典多作釜，惟《周禮》作䩓。」十釜為鍾，即 640 升。

鬳 𩰿 yàn　　鬲屬。从鬲，虍聲。〔牛建切〕

【注釋】

即甗之初文，古之蒸鍋也。分上下兩截，中間有箅子。上部為甑，盛米。下部為

鬲，盛水。

融 róng　　炊氣上出也。从鬲，蟲省聲。〔以戎切〕 籀文融，不省。

【注釋】

　　本義為炊氣上出，引申為通，今有「融通」。「金融」者，猶資金融通也。常用義大明、大亮也，《左傳》：「明而未融。」孔融，字文舉。「文」亦有明義，今有「文明」。舉，上也。「融融」者，和悅貌，今有「其樂融融」；又暖和貌，如「春光融融」。

鼺 xiāo　　炊氣貌。从鬲，鼺聲。〔許嬌切〕

鬺 shāng　　煮也。从鬲，羊聲。〔式羊切〕

【注釋】

　　《詩經》「于以湘之，維錡及釜」之本字也。湘，煮也。湘本義是水名，非本字明矣。

　　段注：「鬺亦作鬺，亦作鬺。《韓詩》：於以鬺之，惟錡及釜。《毛詩》假湘為之。毛曰：湘，烹也。」

鬻 fèi　　涫也。从鬲，沸聲。〔芳未切〕

【注釋】

　　今沸騰之本字也。《說文》：「沸，渾沸，濫泉。」沸本義乃泉水盛貌，非本字明矣。段注：「《水部》曰：涫，鬻也。今俗字涫作滾，鬻作沸，非也。」

　　文十三　重五

鬻部

鬻 lì　　鬲也。古文，亦鬲字。象孰飪五味气上出也。凡鬻之屬皆从鬻。〔郎激切〕

鬻 zhān（饘）　　鬻也。从鬻，侃聲。〔諸延切〕 鬻，或从食，衍聲。 或从干聲。 或从建聲。

【注釋】

今通用饘字，稠粥為饘，稀粥為粥。見後「饘」字注。

鬻 𩰲 zhōu（粥）　　键也。从鬻，米聲。〔武悲切〕〔臣鉉等曰：今俗粥作粥，音之六切。〕

【注釋】

鬻即今粥之古字。《說文》無粥字。今鬻常用義為賣，音 yù，如「賣官鬻爵」。又有買義，不常用，《文心雕龍》：「鬻聲釣世。」「沽」亦有此二義，正反同辭也。又通「育」，生育也，《禮記》：「毛者易鬻。」又撫養也，《詩經》：「鬻子之閔斯。」

鬻 𩰲 hú（糊）　　键也。从鬻，古聲。〔戶吳切〕

【注釋】

今米糊糊字。段注：「《釋言》：䊈，饘也。當作此字。今江蘇俗粉米麥為粥曰䊈。」

鬻 𩰲 gēng（羹）　　五味和羹也。从鬻，从羔。《詩》曰：亦有和羹。〔古行切〕鬻 鬻或省。 𩰲 或从美，鬻省。 羹 小篆从羔，从美。

【注釋】

今通行重文羹字。羹之本義是用肉類或菜蔬等製成的帶濃汁的食物，非今之湯也。上古的羹一般是指帶汁的肉，羹表示湯的意思，是中古以後的事情。

不和五味的叫大羹，古代祭祀時用。《禮記·樂記》：「大羹不和。」鄭玄注：「大羹，肉湇，不調以鹽菜。」用五味調和的叫和羹，五味指醯、醢、鹽、梅和一種菜。《詩·商頌·烈祖》：「亦有和羹。」孔穎達疏：「羹者，五味調和。」不加菜的羹叫「臛」。

鬻 𩰲 sù（餗）　　鼎實，惟葦及蒲。陳留謂键為鬻。从鬻，速聲。〔桑谷切〕餗 鬻，或从食，束聲。

【注釋】

今通用重文餗。指鼎中的食物，後泛指美味佳餚，如「奇珍異味天庖餗」。

鬻 [鬻] yù　　鬻也。从鬲，毓聲。〔余六切〕鬻 鬻，或省从米。

鬻 [鬻] miè　　涼州謂鬻為鬻。从鬲，糲聲。〔莫結切〕秫 鬻，或省从末。

鬻 [鬻] ěr（餌）　　粉餅也。从鬲，耳聲。〔仍吏切〕餌 鬻，或从食，耳聲。

【注釋】

今通行重文餌。餌之本義為米餅，非今之誘餌也。今雲南特產餌塊，即米餅也。泛指食物，《老子》：「樂與餌，過客止。」引申引誘義，「以此餌敵」即誘敵。引申為吃義，「餌藥」謂服藥。「餌丹」謂服食金丹。

段注：「《周禮》：糗餌粉餈。《食部》曰：餈，稻餅也。此曰：餌，粉餅也。蓋謂餈者，不粉之稻米為餅，餌者稻米粉之為餅，文互相足。」

鬻 [鬻] chǎo（熓、炒）　　熬也。从鬲，叔聲。〔臣鉉等曰：今俗作熓，別作炒，非是。〕〔尺沼切〕

【注釋】

俗作炒。

鬻 [鬻] yuè　　內肉及菜湯中，薄出之。从鬲，翟聲。〔以勺切〕

鬻 [鬻] zhǔ（煮）　　烹也。从鬲，者聲。〔章與切〕煮 鬻，或从火。鬻 鬻，或从水在其中。

【注釋】

今通行重文煮。

鬻 [鬻] bó　　吹聲沸也。从鬲，孛聲。〔蒲沒切〕

【注釋】

此今水「沸騰」之本字也。鬻、鬻同部重文也，沸古正讀孛聲。

文十三　重十二

爪部

爪 川 zhǎo　　　丮也。覆手曰爪。象形。凡爪之屬皆从爪。〔側狡切〕

【注釋】

今受、孚字上從爪。覆手曰爪，如「九陰白骨爪」「龍爪手」。「爪牙」者，本義是動物的尖爪和利牙，中性詞。《詩經》：「祈父！予王之爪牙！」比喻勇士，乃褒義詞。今作為貶義詞，幫凶。又指指甲或趾甲，引申為動詞抓，如「以手爪之」。

段注：「仰手曰掌，覆手曰爪，今人以此為叉甲字，非是。」

孚 ♀ fú　　　卵孚也。从爪，从子。一曰：信也。〔徐鍇曰：鳥之孚卵，皆如其期，不失信也。鳥抱恒以爪，反覆其卵也。〕〔芳無切〕♀ 古文孚，从呆。呆，古文保。

【注釋】

孚為孵之初文，常用義信也。《爾雅》：「孚，信也。」又為人信服，《左傳》：「小信未孚，神弗福也。」今有「深孚眾望」。

段注：「凡伏卵曰抱，今曰抱窩。此即卵孚引申之義也，雞卵之必為雞，鷖卵之必為鷖，人言之信如是矣。」

為 爲 wéi（為、为）　　　母猴也。其為禽好爪，爪，母猴象也。下腹為母猴形。王育曰：爪，象形也。〔薳支切〕♨ 古文為，象兩母猴相對形。

【注釋】

母猴，獼猴也，馬猴也，一語之轉。簡體字为乃草書楷化字形。為的本義是以手牽象勞作，許慎以小篆解本義，失之。甲文作 ，象手牽大象之形。羅振玉《增訂殷虛書契考釋》：「為从爪从象，以手牽象，古者役象以助勞，尚在服牛乘馬之前。」

引申行為、作為義。引申認為義，今有「以為」，同義連文。虛詞有假如義，《戰國策》：「秦為知之，必不救也。」又因為也，《荀子》：「天行有常，不為堯存，不為桀亡。」又為語氣詞，今有「何以家為」。

段注：「《左傳》魯昭公子公為，亦稱公叔務人，《檀弓》作公叔禺人，《由部》曰：禺，母猴屬也。然則名為字禺，所謂名字相應也。」

據段注，「為」確實有獼猴義，儘管許慎對字形的分析是錯誤的，但「為」有

獼猴義不可否認。藏緬語族的一些語言中表示猴子義的詞與「為」在讀音上有對應關係，可佐證「為」有獼猴義。

爪 𠂆 zhǎng　　亦丮也。从反爪。闕。〔諸兩切〕

【注釋】

古掌字也。《說文》：「掌，手中也。」當為後起字。仉，今作為姓氏用字，乃爪之訛變。

段注：「爪，古掌字，酈注《水經·河水篇》、李注《西京賦》皆引作掌。爪之變為仉，見《廣韻》。」

文四　重二

丮部

丮 𩰬 jí　　持也。象手有所丮據也。凡丮之屬皆从丮。讀若戟。〔几劇切〕

【注釋】

隸定作丮，隸變作丮。握持也。

埶 𡎐 yì（藝、艺）　　種也。从坴、丮，持亞種之。《書》曰：我埶黍稷。〔徐鍇曰：坴，土也。〕〔魚祭切〕

【注釋】

埶，後作藝（艺）。藝之本義為種植。甲骨文作 𡏳，象人種樹之形。初文作埶，後又加艸，加云。常用限度、準則義，如「貪賄無藝」「用人無藝」。本字當為「彝」，《爾雅》：「彝，常也。」

段注：「唐人樹埶字作蓺，六埶字作藝，說見《經典釋文》。然蓺、藝字皆不見於《說文》。周時六藝字蓋亦作埶，儒者之於禮樂射御書數，猶農者之樹埶也。又《說文》無勢字，蓋古用埶為之，如《禮運》『在埶者去』是也。」

孰 𤔅 shú　　食飪也。从丮，𦎫聲。《易》曰：孰飪。〔殊六切〕

【注釋】

飪者，熟也。孰之本義為食物熟了。後加火作熟字，孰假借為誰孰字。引申出抽

象的「熟」，即仔細、周詳，今有「深思熟慮」。《商君書》：「願孰察之。」

段注：「孰與誰雙聲，故『一曰：誰也』。曹憲曰：顧野王《玉篇》始有熟字。」

饎 𩞋 zài　　設飪也。从丮，从食，才聲。讀若載。〔作代切〕

【注釋】

段注：「《廣雅·釋言》曰：饎，設也。又《釋詁四》曰：飢，詞也。錢氏大昕定飢為饎字之誤，古用為發語之載也，如《石鼓詩》載作饎。」

讀若載，正以讀若破假借也。載作發語詞。

巩 𤩰 gǒng　　抱也。从丮，工聲。〔居悚切〕𢶬 巩，或加手。

【注釋】

見上「鞏」字注。

𠬞 𩠐 jué　　相踦之也。从丮，谷聲。〔其虐切〕

𩲜 𩲜 huà　　擊踝也。从丮，从戈。讀若踝。〔胡瓦切〕

𡥈 𡥈 jú　　拖持也。从反丮。闕。〔居玉切〕

文八　重一

鬥部

鬥 𩰋 dòu（斗）　　兩士相對，兵杖在後，象鬥之形。凡鬥之屬皆从鬥。〔都豆切〕

【注釋】

鬥、斗古代二字二音。鬥者，鬥爭、打鬥字。斗者，容器及容量單位，如北斗星。二者不相混，今簡化漢字歸併為斗。

鬭 𩰸 dòu（斗）　　遇也。从鬥，斲聲。〔都豆切〕

【注釋】

今「鬥合」之本字也。鬥有湊在一塊、合在一起義，如「鬥眼」。「鬥份子」即

湊份子。「鬥榫」謂合榫也。「鬥縫」謂拼接也。鬥、門形近，為避混淆，用鬭為鬥爭字。今皆歸併為斗。

段注：「凡今人云鬭接者，是遇之理也。《周語》：穀雒鬭，將毀王宮。謂二水本異道而忽相接合為一也。古凡鬭接用鬭字，鬥爭用鬥字，俗皆用鬭為爭競而鬥廢矣。」徐灝箋：「今粵俗尚謂接合為鬭。」

鬨 [篆] hòng（哄）　　鬭也。从鬥，共聲。《孟子》曰：鄒與魯鬨。〔下降切〕

【注釋】

鬨、訌同源詞。後為哄之異體字。

鬮 [篆] liú　　經繆殺也。从鬥，翏聲。〔力求切〕

【注釋】

鬮、劉同源詞。《爾雅》：「劉，殺也。」

段注：「按縛殺，若今以一繩勒死。經繆殺，若今絞罪，以二繩絞死，故从鬥。按此恐即摎之或體，俗增之。」

鬮 [篆] jiū　　鬭取也。从鬥，龜聲。讀若三合繩糾。〔古侯切〕

【注釋】

今簡化作阄，抓鬮也。段注：「今人以為拈鬮字，殆古藏彄之訛。《荊楚歲時記》注曰：藏彄之戲，《辛氏三秦記》以為鉤弋夫人所起。」

「藏鉤」，亦作「藏彄」，古代的一種遊戲。相傳漢昭帝母鉤弋夫人少時手拳，入宮，漢武帝展其手，得一鉤，後人乃作藏鉤之戲。於臘日祭祀之後，叟嫗兒童所行的一種遊戲。將人員分為兩方，一方把鉤藏在手裏，對方猜中則算贏。

鬩 [篆] nǐ　　智少力劣也。从鬥，爾聲。〔奴禮切〕

【注釋】

今「鬩茸」之本字也。卑賤無能之謂也。

鬫 [篆] fēn　　鬭連結鬫紛，相牽也。从鬥，燹聲。〔臣鉉等案：燹，今先

典切，从豩聲。豩，呼還切。蓋燹亦有豩音，故得為聲。一本从焱。《說文》無焱字。〕〔撫文切〕

【注釋】

段注改作「闐闐也」，云：「繽紛、闐闐皆合二部疊韻。」

闖 pīn　　鬮也。从鬥，賓省聲。讀若賓。〔匹賓切〕

【注釋】

此「拼殺」之本字也。

鬩 xì　　恒訟也。《詩》云：兄弟鬩于牆。从鬥，从兒。兒，善訟者也。〔許激切〕

【注釋】

今簡化字作阋。「恒訟」者，常相鬥也。恒，常也。常用義是打鬥，如「鬩牆」。

鬨 xuàn　　試力士錘也。从鬥，从戈。或从戰省。讀若縣。〔胡畎切〕

文十

鬧 nào　　不靜也。从市、鬥。〔奴教切〕

文一　新附

又部

又 yòu　　手也。象形。三指者，手之列多略不過三也。凡又之屬皆从又。〔于救切〕

【注釋】

又的本義是右手。隸變或作又，如反、叉、叔、度、圣等；或作𠂇，如右、友、灰、有等。

高鴻縉《中國字例》：「字原象右手形，手本五指，古人以三表多，借為又再之又，乃通假右助之右以代之。久乃加人旁作佑，以還右助之原。」

右 ⿻ yòu　　手口相助也。从又，从口。〔臣鉉等曰：今俗別作佑。〕〔于救切〕

【注釋】

《說文・口部》重出，見前《口部》注。

左 ⿻ gōng（肱）　　臂上也。从又，从古文厶。〔古薨切〕⿻古文厷，象形。⿻厷，或从肉。

【注釋】

本義是大臂，泛指手臂。厷乃肱之初文，今重文肱通行。弘從厶聲，《說文》：「弘，弓聲也。从弓，厶聲。厶，古文肱字。」

叉 ⿻ chā　　手指相錯也。从又，象叉之形。〔初牙切〕

【注釋】

段注：「凡布指錯物間而取之曰叉，因之凡岐頭皆曰叉，是以首笄曰叉，今字作釵。」

叉 ⿻ zhǎo　　手足甲也。从又，象叉形。〔側狡切〕

【注釋】

叉，古爪字。跳蚤字從此聲。段注：「叉、爪古今字，古作叉，今用爪。」

父 ⿻ fù　　矩也，家長率教者。从又舉杖。〔扶雨切〕

【注釋】

甲骨文作⿻，郭沫若《甲骨文字研究》謂父乃斧之初文，石器時代，男子持石斧以事操作，故孳乳為父母之父。

泛指男性稱謂，如「夸父逐日」，夸，大也。「夸父」者，大男人也。又指從事某種職業的老年男子，如「漁父」。經傳借父為甫。

叟 ⿻ sǒu（叟）　　老也。从又，从灾，闕。〔穌后切〕⿻籀文，从寸。⿻叟，或从人。

【注釋】

叜隸變作叟。朱駿聲《說文通訓定聲》以為叟即搜之初文，從又持火屋下搜物。俞樾《兒笘錄》：「叟假為老叜字，又製搜字，老叜字當作傻字也。」《廣雅》：「叟，父也。」今有「童叟無欺」。又對老年男子尊稱為叟，《孟子》：「叟！不遠千里而來，亦將有以利吾國乎？」老年女子尊稱為媼。

燮 爕 xiè　　和也。从言，从又、炎。籀文燮从羊。羊音飪。讀若濕。〔臣鉉等案：爕字，義大熟也。从炎，从又，即孰物可持也。此燮蓋从爕省，言語以和之也，二字義相出入故也。〕〔穌叶切〕

【注釋】

本義是和諧，如「燮理陰陽」。「籀文燮」，段注改作「籀文爕」。

曼 曼 màn　　引也。从又，冒聲。〔無販切〕

【注釋】

常用義長也，今有「曼聲而歌」。又柔美也，今有「輕歌曼舞」「曼妙」。多用為女名用字，如陸小曼、佘詩曼、趙一曼。從曼之字多有覆蓋義，如漫（水覆蓋）、蔓（草覆蓋）、幔（布覆蓋）、饅（早期的饅頭類今之包子，因裏面有餡而得名）等。

㕚 㕚 shēn　　引也。从又，㠯聲。㠯，古文申。〔失人切〕

【注釋】

㕚、伸，同源詞也。或以為㕚乃伸之初文，亦可。

夬 夬 guài　　分決也。从又，中象決形。〔徐鍇曰：⊐，物也。丨所以決之。〕〔古賣切〕

【注釋】

常用義是分開，又有堅決果斷義，《周易》有夬卦，得名於「剛決柔」也。「夬夬」，果斷貌。「剛夬」即剛決也。從夬之字多有缺義，如決、訣、缺、玦等，見前「玦」字注。

尹 尹 yǐn　　治也。从又、丿，握事者也。〔余準切〕 尹 古文尹。

【注釋】

　　本義是治理，《左傳》：「以尹天下。」引申為治事之官員。《廣雅》：「尹，官也。」如「京兆尹」「府尹」「令尹」。甲骨文作𠃌，從又持筆，代表治事的官員。

　　伊尹者，猶言伊丞相也，又名阿衡，阿衡亦治理義，因以得名。伊尹，姒姓，伊氏，名摯，生於伊水（今河南洛陽伊河），因其母居伊水之上，故以伊為氏。

　　𣪏 zhā　　又卑也。从又，盧聲。〔側加切〕

　　犛 lí　　引也。从又，犛聲。〔里之切〕

　　㕞 shuā（刷）　　拭也。从又持巾在尸下。〔所劣切〕

【注釋】

　　此刷洗之本字也。後㕞、刷成異體字，今㕞字廢。二字《說文》有別，《說文》：「刷，刮也。从刀，㕞省聲。」「刷」本義是刮，「刷刮」謂搜刮也。「刷洗」謂洗劫，盡數搜刮。

　　及 jí　　逮也。从又，从人。〔徐鍇曰：及前人也。〕〔巨立切〕 乁古文及。《秦刻石》及如此。㥯亦古文及。𢎟亦古文及。

【注釋】

　　及的本義是趕上，引申為及與義。甲骨文作𠬺，像手抓人之形，以會趕上之意。《說文》：「逮，及也。」逮的本義也是趕上。引申出趁著、到義，「逮」亦有此二義，同步引申也。

　　秉 bǐng　　禾束也。从又持禾。〔兵永切〕

【注釋】

　　本義即禾把、禾束，《詩經》：「彼有遺秉。」引申為動詞拿著義。手持一把禾為秉，手持兩把禾即為兼。經傳假秉為柄字。

　　反 fǎn　　覆也。从又、厂，反形。〔府遠切〕 𠬓古文。

𠬝 fú　　治也。从又，从卪。卪，事之節也。〔房六切〕

【注釋】

𠬝乃服之初文，今服行而𠬝廢。治，從事、做也，今有「服役」「服農事」。

𢏚 tāo　　滑也。《詩》云：𢏚兮達兮。从又、屮。一曰：取也。〔土刀切〕

【注釋】

今弢字從此聲。《詩經·鄭風》：「挑兮達兮。」毛傳：「挑，往來相見貌。」朱熹集傳：「挑，輕儇跳躍之貌。」本字當作𢏚，《說文》：「㴠，滑也。」㴠，通也。則𢏚亦通義也，𢏚、挑義相通也。𢏚、㴠、挑、通皆同源詞也。

叡 zhuì　　楚人謂卜問吉凶曰叡。从又持祟，祟亦聲。讀若贅。〔之芮切〕

【注釋】

王國維《戩壽堂所藏殷墟文字考》：「叡，从又持木於示前，祭之名，即迎神賽會之賽字。」

叔 shū　　拾也。从又，未聲。汝南名收芋為叔。〔式竹切〕叔，或从寸。

【注釋】

叔之本義為拾取。《詩經》：「九月叔苴。」常用義為排行在後的，「叔世」「叔末」謂朝代之末，即末世也，如「叔世碩儒」。

段注：「《釋名》：仲父之弟曰叔父。叔，少也。於其雙聲疊韻假借之，假借既久，而叔之本義鮮知之者。」

𡨋 mò　　入水有所取也。从又在冂下。冂，古文回。回，淵水也。讀若沫。〔莫勃切〕

【注釋】

𡨋，今「沉沒」之初文也。《說文》：「沒，沉也。」回，打著漩渦的水，多深，

故顏回字子淵，名字相關也。

取 qǔ　捕取也。从又，从耳。《周禮》：獲者取左耳。《司馬法》曰：載獻聝。聝者，耳也。〔七庾切〕

【注釋】

古人打仗有取敵人左耳記功之習俗。「取次」謂任意、隨便也，如「取次莫論兵」。取、拿有別，取的東西一般是有難度的。

彗 huì　掃竹也。从又持甡。〔祥歲切〕 篲 彗，或从竹。 古文彗，从竹，从習。

【注釋】

本義為掃帚，故彗星又叫掃帚星，此星不祥，見乃兵戈之兆。相傳姜子牙遍封諸神，其妻馬招弟被封為掃帚星。引申出動詞掃義，《後漢書》：「高鋒彗雲。」

叚 jiǎ　借也。闕。〔古雅切〕 古文叚。 譚長說：叚如此。

【注釋】

今假借之本字也。《說文》：「假，非真也。从人，叚聲。一曰：至也。」假乃真假之本字。段注：「此叚云借也，然則凡云假借當作此字。」

友 yǒu　同志為友。从二又，相交友也。〔云久切〕 古文友。 亦古文友。

【注釋】

本義是志同道合的人。同門為朋，同志為友。

度 dù　法制也。从又，庶省聲。〔徒故切〕

【注釋】

本義為法度。引申為氣度、度量，如「有度之士」。引申量長短的標準，度量衡者，度為長度，量為體積，衡為重量。典故「鄭人買履」，鄭人「忘持度」，即忘帶尺子也。

引申為量詞，次數也，如「物換星移幾度秋」。今網站取名「百度」者，百度謂百事也，此取名之妙也。度，遞也，傳也，今有「度人金針」。

段注：「古者五度，分、寸、尺、丈、引謂之制。周制：寸、尺、咫、尋、常、仞皆以人之體為法。寸法人手之寸口，咫法中婦人手長八寸，仞法伸臂一尋，皆於手取法，故从又。」

文二十八　重十六

ナ部

ナ zuǒ　ナ手也。象形。凡ナ之屬皆从ナ。〔臧可切〕

【注釋】

此左之初文也。段注：「又手得ナ手則不孤，故曰左助之手。俗以左右為ナ又字，乃以佐佑為左右字。」

卑 bēi　賤也，執事也。从ナ、甲。〔徐鍇曰：右重而左卑，故在甲下。〕〔補移切〕

【注釋】

本義是低下、卑賤。地勢低亦謂之卑，如「地勢卑濕」。

文二

史部

史 shǐ　記事者也。从又持中。中，正也。凡史之屬皆从史。〔疏士切〕

【注釋】

甲骨文作，象人持簡冊形。古者巫史不分，左史記言，右史記行。史官書法不隱，齊有南史氏，晉有董狐，皆古之良史。記史之家多父子相傳，如司馬談、司馬遷。

事 shì　職也。从史，之省聲。〔鉏史切〕 古文事。

【注釋】

職者，記事也。甲骨文事、吏同字，寫作。按：古文字史、事、吏本一字，

後分化。史官記錄下來的事情才叫事，都是指大事，如戰爭、祭祀等，小事不入史。

事有職務、官位義，《韓非子》：「無功而受事。」用其本義也。引申出做義，《莊子》：「予又奚事焉？」今有「大事宣揚」「不事生產」。引申有變故義，今有「事故」「天下無事」。侍奉亦謂之事，如「事父」「事兄」。引申出事物一件謂一事，如「管絃三兩事」。

文二 重一

支部

支 zhī　去竹之枝也。从手持半竹。凡支之屬皆从支。〔章移切〕 古文支。

【注釋】

林義光《文源》：「支即枝之古文，別生條也。」本義是樹枝，後寫作「枝」。引申為支撐義，引申為拒、抵禦義，《史記》：「魏不支秦，必東徙。」今有「樂不可支」。又有供給義，《漢書》：「足支萬人一歲食。」今有「支付」。段注：「此於字形得其義也。」

敧 qī　持去也。从支，奇聲。〔去奇切〕

【注釋】

本義是用箸夾取，引申為傾斜不正。常用義是傾斜，如「敧斜」。《孔子家語》：「孔子觀於周廟，有敧器焉。使子路取水試之，滿則覆，中則正，虛則敧。」《荀子·宥坐篇》注：「敧器，傾敧易覆之器。」

或謂「持去」乃箸之合音，「持去為箸之反語，與終葵為椎之反語正同」，本周秉鈞說。

文二 重一

聿部

聿 niè　手之聿巧也。从又持巾。凡聿之屬皆从聿。〔尼輒切〕

肄 yì（肆）　習也。从聿，希聲。〔羊至切〕 籀文肄。 篆文肄。

【注釋】

今通行重文肄。肄者，學也。「肄業」者，尚未畢業也。常用義有勞苦，《詩經》：
「莫知我肄。」通「勩」，勞也。樹木再生的枝條也叫肄，《詩經》：「伐其條肄。」
又查閱、檢查也，《漢書》：「官吏稅肄郡國出入關者。」

肅 肅 sù（肃）　　持事振敬也。从聿在淵上，戰戰兢兢也。〔息逐切〕
蕭 古文肅，从心，从卪。

【注釋】

「持事振敬」謂辦事勤勉恭敬。恭敬則收斂，故引申為收斂，今有「肅殺」「天
高萬物肅」。今簡體肃乃草書楷化字形，淵、淵，同此。

文三　重三

聿部

聿 肅 yù　　所以書也。楚謂之聿，吳謂之不律，燕謂之弗。从聿，一
聲。凡聿之屬皆从聿。〔余律切〕

【注釋】

聿之本義為筆。甲骨文作 ，象人手持筆之形。不律合音即為筆。《詩經》多作為
語氣詞，《詩經》：「聿懷多福。」「歲聿其暮」。近人有杜聿明。

筆 蕭 bǐ（笔）　　秦謂之筆。从聿，从竹。〔徐鍇曰：筆尚便聿，故从
聿。〕〔鄙密切〕

【注釋】

甲骨文筆、聿同字，筆實為聿之加旁分化字。今簡化作笔，從竹從毛，俗字也。
引申書寫、記載，今有「親筆」「代筆」「筆之於書」。又散文謂之筆，古有「文筆之爭」，
文謂韻文，因文辭華麗，故稱。《千字文》乃四字韻語，故稱文。

聿 肅 jīn　　聿飾也。从聿，从彡。俗語以書好為聿。讀若津。〔將鄰切〕

【注釋】

津字從此聲。此「津津樂道」之本字也。讀若津，此以讀若破假借也。

段注：「俗語以書好為書，此別一義，今人所謂津津亹亹者蓋出此。歎羨其好則口流亹液，音義皆與亹通。」

書 書 shū（书）　　箸也。从聿，者聲。〔商魚切〕

【注釋】

本義為書寫，寫下的字也叫書，故「六書」即六種文字，「學書」謂學寫字也。文字連在一起也叫書，故有「書信」。又有文書義，《漢書》：「晝斷獄，夜理書。」

文四

畫部

畫 畫 huà（画）　　界也。象田四界，聿所以畫之。凡畫之屬皆从畫。〔胡麥切〕 書 古文畫省。 書 亦古文畫。

【注釋】

界也，聲訓。画乃畫之減旁俗字，畫俗字有作畵者，省上部則為画。畫之本義為劃分界限，引申為動詞謀劃，如「請為君畫之」，今有「出謀畫策」，或作「劃策」。又有名詞計策，如「群臣獻畫」。

晝 晝 zhòu（昼）　　日之出入，與夜為界。从畫省，从日。〔陟救切〕 晝 籀文晝。

【注釋】

今簡體昼乃草書楷化字形。本義是白晝，常指正午、中午，「晝飯」謂午飯。今日本仍有此用法。

文二　重三

隶部

隶 隶 dài　　及也。从又，从尾省。又持尾者，从後及之也。凡隶之屬皆从隶。〔徒耐切〕

【注釋】

此逮之初文。後作隸之簡體字。段注：「此與《辵部》逮音義皆同，逮專行而隶廢矣。」

古代奴隸服飾有尾巴以示等級，此字實奴隸字之初文。《說文》「尾」字云：「古人或飾係尾，西南夷亦然。」「及」字從人、從又，亦從後抓奴隸之形。

隸 隸 dài 　　及也。从隶，枲聲。《詩》曰：隸天之未陰雨。〔臣鉉等曰：枲非聲，未詳。〕〔徒耐切〕

【注釋】

孔廣居《說文疑疑》：「隶、逮、隸三字音義皆同，隶即逮、隸之古文，加枲、辵，後人贅也。」

段注：「《釋言》：迨，及也。此與《歺部》殆音義皆同。殆，危也。危猶及也。」

隸 隸 lì（隶）　　附箸也。从隶，柰聲。〔郎計切〕 隸篆文隸，从古文之體。〔臣鉉等：未詳古文所出。〕

【注釋】

今簡化作隶。本義為附著，今「隸屬」保留本義。附著義常借作麗，「日月麗乎天，百穀草木麗乎土」「麗土之毛」者是也；或作離，「離騷」是也。徭役謂之隸，如「徒隸」「隸卒」。《報任安書》：「視徒隸則心惕息。」隸書最初為徒隸所用，故名。

《左傳》：「人有十等，輿臣隸。」隸與僕義同，皆訓附著，故從隶。見「僕」字注。奴隸得名於附著其主人。俗字「隷」即來自 隸之隸變，「出」隸變作「士」，「賣」「敖」乃其比。

文三 重一

臤部

臤 臤 qiān　　堅也。从又，臣聲。凡臤之屬皆从臤。讀若鏗鏘之鏗。古文以為賢字。〔苦閑切〕

【注釋】

從臤之字多有緊、剛義，如堅、緊、掔（固也）、掔（牛倔強）等。臤今簡化作収者，草書楷化字形。

緊 𦂧 jǐn　　纏絲急也。从臤，从絲省。〔糾忍切〕

【注釋】

緊乃草書楷化字形。急者，緊也。白門樓曹操俘獲呂布，呂布云：「縛太急，請緩。」曹操曰：「縛虎不得不急。」

堅 𡍱 jiān　　剛也。从臤，从土。〔古賢切〕

【注釋】

堅乃草書楷化字形。本義是土堅硬。孫堅，字文臺。古臺乃以土所築，所謂「九層之臺，起於累土」。引申有堅持義，《戰國策》：「臣不敢堅戰。」「中堅」，古代中軍所率領部隊，是全軍主力，故稱。前軍是先鋒部隊，後軍擔任掩護和警戒任務。

段注改作「土剛也」，云：「引申為凡物之剛。按緊、堅不入糸、土部者，說見句、丩部下。」

豎 𧱽 shù（竪）　　豎立也。从臤，豆聲。〔臣庾切〕 𧱽 籀文豎，从殳。

【注釋】

俗字作竪，今簡化作竖，乃草書楷化俗字。樹、豎同源詞也。

豎常用童子義，「豎子」者，孩童也，又指年輕的僕人。又為蔑稱，如「時無英雄，使豎子成名也」。「豎儒」者，儒生蔑稱也。宮中的小臣謂之豎，又泛指內臣之稱，如「宦豎」「閹豎」。

段注：「豎與尌音義同。豎，未冠者之官名。蓋未冠者才能自立，故名之豎，因以為官名，豎之言孺也。」

文四　重一

臣部

臣 臣 chén　　牽也，事君也。象屈服之形。凡臣之屬皆从臣。〔植鄰切〕

【注釋】

甲骨文作𠃌，郭沫若《甲骨文字研究》謂象豎目形，人首俯側臉視人則目豎，所以象屈服之形。從臣之字多與目相關，如臥、臨（從高視下）、監（照影子）、鑒

（鏡子）。

臣之本義是奴隸，又指男奴隸，女奴隸謂之妾，《尚書》：「臣妾逋逃。」引申做官之人，《出師表》：「侍衛之臣不懈於內。」「臣門如市」謂官宦門下鑽營者極多，像集市一樣熱鬧。

官吏對君主自稱臣，秦漢以前在一般人面前表示謙卑也可自稱臣。僕亦有此用法，同步引申也。臣作動詞有統治、役使義，古代奴隸有六等，「皂臣輿，輿臣隸，隸臣僚，僚臣僕，僕臣臺」。

　　臦 𢑌 guàng　　乖也。从二臣相違。讀若誑。〔居況切〕

【注釋】

本義是違背。

　　臧 臧 zāng　　善也。从臣，戕聲。〔則郎切〕 𣤤 籀文。

【注釋】

甲骨文作𢧵，楊樹達《積微居小學述林》：「臧本从臣、从戈會意，後乃加爿聲。甲文臧字皆象以戈刺臣之形，據形求義，蓋不得為善，當以臧獲為本義。」

臧有善義，如「陟罰臧否」，「臧否」謂善惡也，評人之善惡亦謂之臧否，如「口不臧否人物」。有奴隸義，男奴隸曰臧，女奴隸曰獲。司馬遷《報任安書》：「且夫臧獲婢妾，猶能引決，況僕之不得已乎？」

段注：「按子郎、才郎二反，本無二字。凡物善者必隱於內也，以从艸之藏為臧匿字始於漢末，改易經典，不可从也。又贜私字，古亦用臧。」

文三　重一

殳部

　　殳 𣪘 shū　　以杸殊 [1] 人也。《禮》：殳以積竹，八觚，長丈二尺，建於兵車，旅賁以先驅。从又，几 [2] 聲。凡殳之屬皆从殳。〔市朱切〕

【注釋】

[1] 殊者，斷也，隔離也。「祝髮文身」者，祝，斷也，祝、殊一語之轉。殳是古代
　　的一種武器，用竹木做成，有棱無刃。《詩經》：「伯也執殳，為王前驅。」

〔2〕几，音 shū。

段注：「殳用積竹而無刃，毛傳：殳長丈二而無刃。」

祋 duì　殳也。从殳，示聲。或說：城郭市里，高縣羊皮，有不當入而欲入者，暫下以驚牛馬曰祋，故从示、殳。《詩》曰：何戈與祋。〔丁外切〕

【注釋】

古代杖屬兵器，祋與殳同類，有棱而無刃。《詩經》：「何戈與祋。」又指懸掛羊皮的竿子。古代用羊皮掛在竿子上，置放城門口，用以驚嚇不當入城而入城的牛馬，如「闗門夜開，不下羊皮之祋」。

杸 shū　軍中士所持殳也。从木，从殳。《司馬法》曰：執羽从杸。〔市朱切〕

毄 jī　相擊中也。如車相擊，故从殳，从軎。〔古歷切〕

【注釋】

今擊從毄。毄乃擊之初文，後加手作擊。

㲲 què　从上擊下也。一曰：素也。从殳，青聲。〔苦角切〕〔青，苦江切〕

【注釋】

㲲隸變作㱿，或作殸，簡化作壳。

段注：「素謂物之質如土坯也，今人用腔字，《說文》多作空，空與㲲義同，俗作㱿。」

㪫 zhěn　下擊上也。从殳，冘聲。〔知朕切〕

豛 tóu　繇擊也。从殳，豆聲。古文祋如此。〔度侯切〕

殳 chóu　縣物殳擊。从殳，㽛聲。〔市流切〕

【注釋】

段注：「此與《手部》擣（擣）音義同。擣，手椎也。」

毄 𣪊 dú　　椎擊物也。从殳，豖聲。〔冬毒切〕

【注釋】

段注：「謂用椎擊中物，與《攴部》𣻣、《木部》椓，音義略同。」

毆 𣪝 ōu　　捶擊物也。从殳，區聲。〔烏后切〕

【注釋】

今有「毆打」。典籍中常作為「歐」字，即「驅」之俗字。

毃 𣪞 qiāo　　擊頭也。从殳，高聲。〔口卓切〕

殿 𣪲 diàn　　擊聲也。从殳，屍聲。〔堂練切〕

【注釋】

隸變作殿，今假借作殿堂字。先秦指房屋的前半部分，與堂是同義詞，故「殿堂」連文。又指高大的房屋，如「大殿」。秦以後才專門指宮殿，如「金鑾殿」「宮殿」。

宮本義也是一般的房子，後作為宮殿義。又軍後曰殿，今有「殿軍」「殿後」。「殿最」，古代考核軍功，上等為最，下等為殿。本字當作臀。今裁縫把量屁股的尺寸叫作殿圍（常寫作電圍），本字亦當為臀字。屍，古臀字也。殿、臀古音同，故可通假，互作聲符。

殹 𣪟 yì　　擊中聲也 [1]。从殳，医聲 [2]。〔於計切〕

【注釋】

[1] 從殹之字多有覆蓋義，如醫（治病工也）、翳（華蓋也）、瑿（塵埃也）、繄（戟衣也）等。

[2] 《說文》：「医，盛弓弩矢器也。」即盛放弓箭的器皿，今簡化為醫生字。

段注：「此字本義亦未見，秦人借為語詞。《詩》之兮字，稱《詩》者或用『也』為之，三字通用。」

段 殷 duàn　　椎物也。从殳，耑省聲。〔徒玩切〕

【注釋】

本義為打擊，實為鍛之初文。鍛，錘擊也，如「鍛工」。

段注：「後人以鍛為段字，以段為分段字，讀徒亂切。分段字自應作斷，蓋古今字之不同如此。」

殼 殷 tóng / hōng　　擊空聲也。从殳，宮聲。〔徒冬切〕，又〔火宮切〕

殽 殽 xiáo（淆）　　相雜錯也。从殳，肴聲。〔胡茅切〕

【注釋】

此混淆之本字也。《說文》無淆字。又通「肴」，「殽羞」，美味也。

毅 毅 yì　　妄怒也。一曰：有決也。从殳，豙聲。〔魚既切〕

【注釋】

「妄怒」者，盛怒也。段注：「坴下曰：妄生也。凡氣盛曰妄。」「一曰：有決」者，剛也。《論語》：「任重而道遠，士不可不弘毅。」弘，大也。毅，剛也。陳毅元帥字仲弘，蓋本《論語》。

敊 敊 jiù　　揉屈也。从殳，从皀。皀，古文叀字。廄字从此。〔臣鉉等曰：叀，小謹也。亦屈服之意。〕〔居又切〕

【注釋】

馬廄字從此聲。

役 殷 yì　　戍邊也。从殳，从彳。〔臣鉉等曰：彳，步也。彳亦聲。〕〔營只切〕 𠈃 古文役，从人。

【注釋】

本義是服兵役。引申出奴役、僕役，指供人役使的人，今有「雜役」。戰事謂之役，又泛指事情，如「經此役也，余心大悲」。

段注：「引申之義凡事勞皆曰役。又《生民》詩：禾役穟穟。役者，穎之假借。

《禾部》兩引《詩》皆作禾穎。」

殺 䢼 gāi　　䢼改，大剛卯也，以逐精鬼。从殳，亥聲。〔古哀切〕

文二十　重一

殺部

殺 䍀 shā（杀）　　䢼也。从殳，杀聲。凡殺之屬皆从殺。〔臣鉉等曰：《說文》無杀字，相傳云音察，未知所出。〕〔所八切〕 䍀 古文殺。 䍀 古文殺。 䍀 古文殺。

【注釋】

今簡化作杀。第三個古文實即杀字，杀實殺之古文，亦殺之初文也，後加殳作殺。引申衰退、殘敗，如「我花開後百花殺」；又引申為敗壞，如「殺風景」；引申出減少、降等，如「殺半」；又收斂義，今有「殺尾」。「肅殺」同義連文，肅亦收斂義。又用在動詞後表極度，如「秋風秋雨愁殺人」。

段注：「按張參曰：杀，古殺字。張說似近是，此如本作朮，或加禾為秫。按此（最後一個古文）蓋即杀字轉寫訛變耳，加殳為小篆之殺。首字下當云：从殳，从杀。或訛為杀聲也。」

弒 弑 shì　　臣殺君也。《易》曰：臣弒其君。从殺省，式聲。〔式吏切〕

【注釋】

子殺父、臣殺君謂之弒。

段注：「《白虎通》引《春秋讖》曰：弒者，試也。欲言臣子殺其君父不敢卒，俟間司事，可稍稍試之。《釋名》曰：弒，伺也。」

文二　重四

几部

几 乚 shū　　鳥之短羽飛几几也。象形。凡几之屬皆从几。讀若殊。〔市朱切〕

【注釋】

殳從此聲。几几，飛翔貌。

参 丮 zhěn　　新生羽而飛也。从几，从彡。〔之忍切〕

【注釋】

段注：「此與《彡部》参，音同形似而義殊。」《彡部》参乃鬒之初文，髮稠曰参。

鳧 鳧 fú（鳧）　　舒鳧，鶩也。从鳥，几聲。〔房無切〕

【注釋】

鳧之本義為野鴨。舒鳧即鶩，家鴨也。舒雁謂之鵝，野雁謂之雁。家養謂之舒者，蓋因其動作視野生者徐緩也。在水裏游泳謂之「鳧水」，今河南方言仍有此語。

段注：「《釋鳥》曰：舒鴈，鵝。舒鳧，鶩。李巡云：野曰鴈，家曰鵝；野曰鳧，家曰鶩。」

文三

寸部

寸 寸 cùn　　十分也。人手卻一寸動脈，謂之寸口。从又，从一。凡寸之屬皆从寸。〔倉困切〕

【注釋】

本義為寸口脈，中醫把脈有寸、關、尺。「又」象人之手，「一」識別手後一寸之處，於六書為指事字也。從寸之字多與手之動作有關，如封（植樹於土）、村（叔之異體）、尉（用手按住）字。

段注：「《禾部》曰：十髮為程，十程為分，十分為寸。卻猶退也，距手十分動脈之處謂之寸口。」

寺 寺 sì　　廷也，有法度者也。从寸，之聲。〔祥吏切〕

【注釋】

本義為古代官署的名稱。《廣韻》：「寺者，司也。」《漢書》注曰：「凡府庭所在皆謂之寺。」秦官員任職之所通稱為寺，如大理寺、太常寺、鴻臚寺。

顧炎武謂從古到今寺之意義凡有三變：第一是奄人、內監，古代皇宮內供使令的小臣，叫寺人，東漢後專指宦官。《詩・秦風・車鄰》：「未見君子，寺人之令。」第二才是官署名。第三為佛教的廟宇。《廣韻》：「寺，漢西域白馬駝經來，初止於鴻臚寺，遂取寺名，創置白馬寺。」

將 jiàng　　**帥也。从寸，䊵省聲。〔即諒切〕**

【注釋】

本義是將帥。常用義甚多，扶持也，《木蘭詩》：「爺娘聞女來，出郭相扶將。」拿也，「將去」猶拿去也，今有「將功贖罪」。送也，《爾雅》：「賸、將，送也。」《詩經》：「之子于歸，百輛將之。」養也，如「乍暖還寒時節，最難將息」。和也，與也，李白《月下獨酌》：「暫伴月將影，對影成三人。」且也，又也，今有「將信將疑」。

㝷 xún（尋、寻）　　**繹理也。从工，从口，从又，从寸。工、口，亂也。又、寸，分理之。彡聲。此與㲋同意。度人之兩臂為尋，八尺也。〔徐林切〕**

【注釋】

繹，循也。理，紋路也。此即尋字。尋之本義為探究、研究。人伸兩臂大約八尺，八尺為尋，倍尋為常。今「尋常」一詞實來源於計量。

常用義不久也，《桃花源記》：「尋病終，後無問津者。」溫也，「尋盟」猶重溫舊好也。用也，《小爾雅》：「尋，用也。」《左傳・昭公元年》：「素不相能，日尋干戈。」「尋師」謂用兵也。

專 zhuān（专）　　**六寸簿也。从寸，叀聲。一曰：專，紡專。〔職緣切〕**

【注釋】

今簡化作专，乃草書楷化字形。甲骨文作，象用手轉動紡錘紡線之形，故專之本義為紡磚。字亦作塼，作甎，俗作磚。《詩・小雅・斯干》：「載弄之瓦。」毛傳：「瓦，紡塼也。」瓦即原始的陶製紡錘。

旉 fū　　**布也。从寸，甫聲。〔芳無切〕**

【注釋】

　　古同「敷」，此「敷」之初文也。從專之字多有廣大、分散義，如敷、溥、博、傅等。

　　導 𨔶 dǎo（导）　　導引也。从寸，道聲。〔徒皓切〕

【注釋】

　　今簡化作导，乃草書楷化字形。導者，通也。《國語》：「為川者決之使導。」段注：「導，此復舉字未刪者。」可從。

　　文七

皮部

　　皮 𣬅 pí　　剝取獸革者謂之皮。从又，為省聲。凡皮之屬皆从皮。𠦟 古文皮。𩏘 籀文皮。〔符羈切〕

【注釋】

　　帶毛謂之皮，去毛謂之革，人之皮謂之膚。本義是皮，引申出表面、淺薄義，如「皮相之見」。「膚」亦有此二義，同步引申也。引申出動詞剝皮義，《史記》：「皮面抉眼。」又皮侯也，古代射箭時用獸皮製的箭靶，《儀禮》：「射不主皮。」

　　段注：「取獸革者謂之皮。皮，柀。柀，析也。因之所取謂之皮矣，引申凡物之表皆曰皮，凡去物之表亦皆曰皮。《戰國策》：皮面抉眼。」

　　皰 𩌾 pào　　面生氣也。从皮，包聲。〔旁教切〕

【注釋】

　　此水泡之本字也，字又作疱。《說文》：「泡，水名。」非本字明矣。

　　皯 𩌺 gǎn　　面黑氣也。从皮，干聲。〔古旱切〕

【注釋】

　　指皮膚黧黑枯槁。

　　文二　重二

皸 𩨙 jūn　　足坼也。从皮，軍聲。〔矩云切〕

【注釋】

先秦用龜字，《莊子》：「宋人有擅為不龜手之藥者。」「龜裂」「龜手」「龜坼」「龜紋」等皆此音義。

皴 𩏕 cūn　　皮細起也。从皮，夋聲。〔七倫切〕

【注釋】

今有「皴裂」。

文二　新附

㲋部

㲋 𩑣 ruǎn　　柔韋也。从北，从皮省，从夐省。凡㲋之屬皆从㲋。讀若耎。一曰：若儁。〔臣鉉等曰：北者，反覆柔治之也。夐，營也。〕〔而兗切〕𡱉 古文㲋。𡕬 籀文㲋，从夐省。

【注釋】

此柔軟之本字也，《說文》無「軟（輭）」字。《說文》：「耎，稍前大也。」謂前面的漸漸大，結果末大於本，則軟弱也。據《說文》，「耎」乃「軟（輭）」之初文。「讀若耎」者，以讀若破假借也。「㲋」實乃軟之本字，然文獻罕用。

㲋 𩏠 jùn　　羽獵韋絝。从㲋，羣聲。〔而隴切〕𧝓 或从衣，从朕。《虞書》曰：鳥獸㲋毛。

文三　重二

攴部

攴 𢽾 pū（攵、扑）　　小擊也。从又，卜聲。凡攴之屬皆从攴。〔普木切〕

【注釋】

攴作偏旁隸變作攵，經典隸變作扑。扑，擊也。甲文作 𠬝，象手持棍形。從攴之字多跟打擊有關。段注：「《豳風》：八月剝棗。假剝為攴，毛曰：擊也。」

啟 𢼄 qǐ（启）　　教也。从攴，启聲。《論語》曰：不憤不啟。〔康禮切〕

【注釋】

《口部》有启字，云：「開也。」楊樹達《積微居小學述林》：「啟當解為从口从攴。蓋教者必从言，故从口。教者發人之蒙，開人之智，與啟戶類象類。故字从攴者，兼受攴之義，啟即攴之孳乳字。」

常用義是打開，古節氣有「分至啟閉」，立春、立夏謂之啟也，得名於萬物開始生長。古書信信封上有「某某安啟」，啟謂開封也。有開始義，今有「啟程」。「啟明星」，因避漢景帝劉啟諱，改為開明星。孔子弟子漆雕開，名啟，字子開。

有陳述義，古書信開頭有「敬啟者」或「敬稟者」，謂陳述的內容，者代內容，非人也。今有「尋人啟事」。「啟處」者，啟猶跪也，處謂坐也，謂安居也。

徹 𢾋 chè（彻）　　通也。从彳，从攴，从育。〔丑列切〕 𢾋 古文徹。

【注釋】

彻乃另造之俗字。本義是通，今有「通徹」「徹頭徹尾」。漢武帝名劉徹，小名彘兒，豬乃有靈性之動物。徹又通作屮，象草芽透地之形。徹、屮聲近義通也。

肇 𢁨 zhào　　擊也。从攴，肁省聲。〔治小切〕

【注釋】

肇乃肇之異體字，皆打擊義，非開始義。《說文》：「肇，上諱。」臣鉉等曰：「後漢和帝名也。案李舟《切韻》云：擊也。从戈，肁聲。」

今肇事本字當作肁。《說文》：「肁，始開也。从戶，从聿。」引申為凡始之稱。《爾雅》：「肇，始也。」凡經傳言肇始者，皆肁之假借，肇行而肁廢矣。

敏 𢿒 mǐn　　疾也。从攴，每聲。〔眉殞切〕

【注釋】

本義是敏捷。「敏給」謂敏捷也。引申為聰明義，如「敏而好學」。又有努力義，通「黽」，《漢書》：「敏行而不敢怠。」今有「敏行不怠」。

段注：「《生民》詩：履帝武敏。《釋訓》：敏，拇也。謂敏為拇之假借。拇，足大指也，古作母。」

敃 𢿢 mǐn　　彊也。从攴，民聲。〔眉殞切〕

【注釋】

今愍字從此得聲。本義是努力，此「暋勉」之本字也，典籍多用「暋」字。《說文》：「暋，蛙暋也。」本義是青蛙，非本字明矣。

敄 𢿜 wù　　彊也。从攴，矛聲。〔亡遇切〕

【注釋】

今務、婺、鶩字從此得聲。《說文》：「務，趣也。」即努力做。「敄」實乃「務」之初文也。彊，努力也。

敀 𣅔 pò　　迮也。从攴，白聲。《周書》曰：常敀常任。〔博陌切〕

【注釋】

迫者，近也。迫、敀同源詞也。

整 𢾭 zhěng　　齊也。从攴，从束，从正，正亦聲。〔之郢切〕

效 𣂦 xiào　　象也。从攴，交聲。〔胡教切〕

【注釋】

本義是效仿。常用義是獻出去，如「納地效璽」。又有效果義，又有驗證、證明義，今有「效驗」。

故 𣥠 gù　　使為之也。从攴，古聲。〔古慕切〕

【注釋】

常用義事也，今有「故事」，同義連文，如「中原多故」。「典故」者，典，事也。故，事也。典故必包含一故事；成語者，成，定也。乃習慣用語，不一定包含故事。老朋友謂之故，如「故人」「親故」。引申死去謂之故，「物故」謂人死，「故去」謂死去也。

段注：「今俗云原故是也。凡為之必有使之者，使之而為之則成故事矣。引申之為故舊，故曰：古，故也。」

政 <ruby>政</ruby> zhèng　　正也。从攵，从正，正亦聲。〔之盛切〕

【注釋】

正也，聲訓也。政者，所以正天下之不正也。

攺 <ruby>攺</ruby> shī　　敷也。从攵，也聲。讀與施同。〔式支切〕

【注釋】

此施行之本字也。《說文》：「施，旗貌。」本義是旗幟飄揚貌，非本字明矣。「讀與某同」者，多說明讀音，也用來破假借。

段注：「今字作施，施行而攺廢矣。施，旗旖施也，經傳多假借。」

敷 <ruby>敷</ruby> fū（敷）　　攺也。从攵，專聲。《周書》曰：用敷遺後人。〔芳無切〕

【注釋】

後作敷。段注：「此與《寸部》尃音義同。俗作敷，古寸與方多通用。」本義是散開、鋪散，今有「敷粉」「敷藥」。引申為普遍義，通「溥」，《詩經》：「敷天之下。」即普天之下也。

引申為陳述、鋪陳義，今有「敷陳」。引申為夠也，今有「入不敷出」「不敷使用」。「衍」有散開義，有廣大義，有盛多義，同步引申也。今有「敷衍」連文。

敟 <ruby>敟</ruby> diǎn　　主也。从攵，典聲。〔多殄切〕

【注釋】

此「主典」之本字也。秦漢九卿之一有「典客」，掌管王朝與屬國交往事務。漢代呂后情婦審食其曾任此職。

《說文》：「典，五帝之書也。」本義是典籍，非本字明矣，見後「典」字注。段注：「按凡典法、典守字，皆當作敟，經傳多作典，典行而敟廢矣。」

斄 <ruby>斄</ruby> lǐ　　數也。从攵，麗聲。〔力米切〕

【注釋】

今「歷歷在目」之本字也。《爾雅》：「麻，數也。」本字皆當作斄。《說文》：

「麻，治也。」「歷，過也。」非本字明矣。

段注：「《大雅》：其麗不億。毛曰：麗，數也。《方言》作斸，亦云數也。蓋斸是正字，麗是假借字。从麗者，麗，兩也，兩兩而數之也。」

數 斸 shù 計也。从攴，婁聲。〔所矩切〕

【注釋】

数乃草書楷化俗字也。本義是計算，引申出一一列舉，又指列舉罪狀，今有「數落」，同義連文。常用義規律也，命運也，今有「天數」，「數奇」謂命運不好。又技術也，《卜居》：「數有所不逮，神有所不通。」今有「數術」。

段注：「今人謂在物者去聲，在人者上聲，昔人不盡然。又引申之義，分析之音甚多，大約速與密二義可包之。」

漱 斸 liàn 辟漱鐵也。从攴，从涷。〔郎電切〕

【注釋】

今作為煉之俗字。段注：「辟者，襞之假借也。漱者，段也。簡取精鐵，不計數折疊段之，因名為辟漱鐵也。」

孜 斸 zī 汲汲也。从攴，子聲。《周書》曰：孜孜無怠。〔子之切〕

【注釋】

勤勉不懈貌，今有「孜孜不倦」。

段注：「《廣雅》：孜孜、汲汲，劇也。按汲汲與彶彶同，急行也。《周書》曰：孜孜無怠。」

攽 斸 bān 分也。从攴，分聲。《周書》曰：乃惟孺子攽。亦讀與彬同。〔布還切〕

【注釋】

今頒布之本字也。《說文》：「頒，大頭也。」非本字明矣。

敦 斸 hàn（捍） 止也。从攴，旱聲。《周書》曰：敦我於艱。〔侯旰切〕

【注釋】

此捍衛之古字也。《說文》無捍字。《說文》：「扞，枝也。」敦、扞音義同。

段注：「敦、扞古今字，扞行而敦廢矣。《毛詩》傳曰：干，扞也。謂干為扞之假借，實則干為敦之假借也。《手部》曰：扞，忮也。」

敦 䶒 ái　　有所治也。从攴，豈聲。讀若狠。〔五來切〕

敞 䵼 chǎng　　平治高土，可以遠望也。从攴，尚聲。〔昌兩切〕

敒 䏶 shēn　　理也。从攴，伸聲。〔直刃切〕

【注釋】

本義是治理。又同「伸」。

改 攺 gǎi　　更也。从攴、己。〔李陽冰曰：己有過，攴之即改。〕〔古亥切〕

【注釋】

「更」除了有改變的意義外，還有調換、交替義，「改」無此義。

變 䜌 biàn（変）　　更也。从攴，䜌聲。〔秘戀切〕

【注釋】

今簡化作変，乃草書楷化字形。突然發生的事情謂之變，如「事變」「兵變」。

叓 雪 gèng / gēng（更）　　改也。从攴，丙聲。〔古孟切〕，又〔古行切〕

【注釋】

更，形聲字。隸定作叓，隸變作更，面目全非矣。更，經也，今有「少不更事」「更千萬年而不變」。「更」「改」有別，「更」除了有改變的意義外，還有更替、調換義，「改」沒有此義。

「更」常用有抵償義，通「賡」，《史記》：「悉巴蜀之賦不足以更之。」古代一夜分五更，取更替之義也。如「半夜三更」，一更二小時，又分為五點。

段注：「更訓改，亦訓繼。不改為繼，改之亦為繼。故《小雅》毛傳曰：庚，續

也。《用部》庸下曰：庚，更事也。」

敕 𣣉 chì　　誡也，臿地曰敕。从攴，束聲。〔恥力切〕

【注釋】

　　本義是告誡命令，特指皇帝的命令，白居易《賣炭翁》：「手把文書口稱敕。」又有整頓義，通「飭」，今有「整敕」。

取 𣤶 xiè　　使也。从攴，耴省聲。〔而涉切〕

斂 𣀤 liǎn　　收也。从攴，僉聲。〔良冉切〕

【注釋】

　　本義是收。今天津方言仍有此語，「斂錢」謂收錢，「斂作業」謂收作業。引申整頓、收整義，如「斂衽」謂整理衣襟，表示敬意。引申有約束義，今有「斂跡」。

敹 𣀯 liáo　　擇也。从攴，橑聲。《周書》曰：敹乃甲冑。〔洛簫切〕

敽 𣀮 jiǎo　　繫連也。从攴，喬聲。《周書》曰：敽乃干。讀若矯。〔居夭切〕

敆 𣀢 hé　　合會也。从攴，从合，合亦聲。〔古沓切〕

【注釋】

　　今作為「合」之俗字。段注：「今俗云敆縫。」

敶 𣀪 chén　　列也。从攴，陳聲。〔直刃切〕

【注釋】

　　「陳列」之本字也。《說文》：「陳，宛丘。」本義是地名，非本字明矣。後又更換偏旁為「陣」字，後起字也。《說文》無「陣」字。

　　段注：「此本敶列字，後人假借陳為之，陳行而敶廢矣。亦本軍敶字，兩下云：『讀若軍敶之敶』是也。後人別製無理之陣字，陣行而敶又廢矣。」

敵 dí（敌）　　仇也。从攴，啻聲。〔徒歷切〕

【注釋】

段注：「仇，讎也。《左傳》曰：怨耦曰仇。仇者兼好惡之詞，相等為敵，因之相角為敵。古多假借適為敵。」

救 jiù　　止也。从攴，求聲。〔居又切〕

【注釋】

本義是停止。今「救火」者，止火也。「救病」者，止病也。「救熱」，止熱也。在拯救的意義上，「拯」和「救」是同義詞。在止和助的意義上，一般用「救」不用「拯」。

段注：「《論語》：子謂冉有曰，女弗能救與。馬曰：救，猶止也。馬意救與止稍別，許謂凡止皆謂之救。」

敓 duó　　彊取也。《周書》曰：敓攘矯虔。从攴，兌聲。〔徒活切〕

【注釋】

今搶奪之本字也。《說文》：「奪，手持隹而失之也。」本義是丟失，「奪文」者，即漏掉之文字。非搶奪本字明矣。

段注：「此是爭敓正字，後人假奪為敓，奪行而敓廢矣。」

斁 yì　　解也。从攴，睪聲。《詩》云：服之無斁。斁，厭也。一曰：終也。〔羊益切〕

【注釋】

常用義是厭惡，《詩經》：「服之無斁。」經典亦假射為斁。又音 dù，敗壞也，《尚書》：「彝倫攸斁。」

赦 shè　　置也。从攴，赤聲。〔始夜切〕赦，或从亦。

【注釋】

赦的本義即赦免。置有赦免義，也有設置義，正反同辭也。段注：「赦與捨音義同，非專謂赦罪也，後捨行而赦廢，赦專為赦罪矣。」

攸 yōu　　行水也。从攴，从人，水省。〔徐鍇曰：攴，入水所杖也。〕〔以周切〕 秦刻石繹山文攸字如此。

【注釋】

本義是水行緩慢貌。後悠悠字皆攸之假借也。今常用義，所也，《爾雅》：「攸，所也。」既為地方之所，有「相攸」一詞，《詩·大雅·韓奕》：「為韓姑相攸，莫如韓樂。」朱熹集傳：「相攸，擇可嫁之所也。」後因以稱擇婿。

又作虛詞所，如「性命攸關」者，性命所關也；「生死攸關」者，關乎生死也。又作為虛詞，用在主謂之間，相當於就，《詩經》：「風雨攸除。」《尚書》：「彝倫攸斁。」

段注：「《釋言》：攸，所也。水之安行為攸，故凡可安為攸。《小雅》《大雅》毛傳皆云：修，長也。經文修字皆攸之假借，本作攸，後改耳。《釋詁》：永、悠、迥、遠，遐也。悠當作攸。」

敄 fǔ　　撫也。从攴，亡聲。讀與撫同。〔芳武切〕

敉 mǐ　　撫也。从攴，米聲。《周書》曰：亦未克敉公功。讀若弭。 敉，或从人。〔綿婢切〕

【注釋】

本義是安撫、安定，如「敉平」。

敭 yì　　侮也。从攴，从易，易亦聲。〔以豉切〕

【注釋】

易有輕視義，敭乃本字也。《說文》：「易，蜥蜴也。」易之本義為蜥蜴，非本字明矣。

敳 wéi　　戾也。从攴，韋聲。〔羽非切〕

【注釋】

今違背本字也。《說文》：「違，離也。」本義是離開，非本字明矣。

敦 敦 dūn / duī　　怒也，詆也。一曰：誰何也。从攴，享聲。〔都昆切〕，又〔丁回切〕

【注釋】

段注：「怒也，詆也。一曰：誰何也。皆責問之意。《邶風》：王事敦我。毛曰：敦，厚也。按《心部》：惇，厚也。然則凡云敦厚者，皆假敦為惇。此字本義訓責問。」

《過秦論》：「良將勁弩守要害之處，信臣精卒陳利兵而誰何。」誰何者，猶敦也，詆也，謂責問也。或釋何通「呵」，呵，喝也。未得其正解。

敦常用義厚也，今有「敦厚」。引申有注重義，如「敦本抑工商」。又有督促義，今有「敦促」。又指古代盛黍稷的器具，如兩個半球合扣狀。

敳 敳 qún　　朋侵也。从攴，从群，群亦聲。〔渠云切〕

【注釋】

今朋群之後起本字也。《說文》：「群，輩也。」

敗 敗 bài　　毀也。从攴、貝。敗、賊皆从貝會意。〔薄邁切〕 敗 籀文敗，从賏。

【注釋】

本義為毀壞。今有「敗血症」者，謂血壞也。類，善也。「敗類」者，毀善也，猶今之壞蛋也。

敵 敵 luàn　　煩也。从攴，从𤔔，𤔔亦聲。〔郎段切〕

【注釋】

此煩亂、動亂之本字也。《說文》：「亂，治也。」亂的本義是治理，正反同辭也。今亂行而敵廢矣。

段注：「按敵與《受部》𤔔、《乙部》亂、《言部》䜌，音義皆同，煩曰敵，治其煩亦曰亂也。」

寇 寇 kòu　　暴也。从攴，从完。〔徐鍇曰：當其完聚而欲寇之。〕〔苦候切〕

【注釋】

　　金文作𡚞，象在屋下持棒打人之形。容庚《金文編》：「从人，从攴，在宀下。」賊作於內為亂，作於外為寇，故有「內亂外寇」「日寇」「倭寇」。引申為侵犯、騷擾義，今有「寇邊」。

　　鼓　𣪠zhǐ　　刺也。从攴，虫聲。〔豬几切〕

　　敷　𣪘dù　　閉也。从攴，度聲。讀若杜。〔徒古切〕𣂑敷，或从刀。

【注釋】

　　今杜絕之本字也。《說文》：「杜，甘棠也。」本義是杜梨，棠梨，一種樹名。《齊民要術》：「杜樹大者插五枝。」非杜絕本字明矣。「讀若杜」，此許書以讀若破假借之例。

　　段注：「杜門字當作此，杜行而敷廢矣。」

　　敜　𣪍niè　　塞也。从攴，念聲。《周書》曰：敜乃阱。〔奴叶切〕

　　敤　𩏃bì　　敤盡也。从攴，畢聲。〔卑吉切〕

【注釋】

　　今完畢之本字也，畢行而敤廢矣。《說文》：「畢，田罔也。」本義是捕鳥的長柄小網，非本字明矣。「敤盡也」當作「盡也」，「敤」乃復舉字刪之未盡者。

　　收　𣀧shōu　　捕也。从攴，丩聲。〔式州切〕

【注釋】

　　本義是逮捕，今有「收監」。常用義有停止、結束，《月令》：「雷電收聲。」今有「收尾」「收工」。又有容納義，今有「收容所」。

　　鼓　𣀦gǔ　　擊鼓也。从攴，从壴，壴亦聲。〔公戶切〕

【注釋】

　　鼓之後起俗字。

攷 kǎo（考）　　敂也。从攴，丂聲。〔苦浩切〕

【注釋】

此考擊之本字也。《說文》：「考，老也。」考之本義為老，非本字明矣。今「考試」「參考」本字都應作攷，然考行而攷廢，假借也。《莊子》：「金石有聲，不考不鳴。」今報紙《參攷消息》仍作攷字。余幼時不識攷字，於獎狀上之「期末攷試」讀作「期末改試」，《參攷消息》讀為《參政消息》，思之可笑矣。

段注：「《唐風》：子有鐘鼓，弗擊弗考。毛曰：考亦擊也。攷引申之義為攷課，《周禮》多作攷，他經攷擊、攷課皆作考，假借也。攷、敂疊韻。」

敂 kòu（叩）　　擊也。从攴，句聲。讀若扣。〔苦候切〕

【注釋】

《說文》無叩字。本義是敲打，又有詢問義，如「我叩其兩端而竭焉」。「讀若扣」者，破假借也。扣之本義為牽馬，《史記》：「伯夷叔齊叩馬而諫。」

段注：「自扣、叩行而敂廢矣。《手部》：扣，牽馬也。無叩字。」

攻 gōng　　擊也。从攴，工聲。〔古洪切〕

【注釋】

本義是打擊，引申出治理、加工義。《詩經》：「他山之石，可以攻玉。」《詩經》：「庶民攻之，不日成之。」引申為深入研究，今有「攻讀」「攻書莫畏艱」。引申為精良、精善義，常寫作「工」「功」，今有「精工」。引申為堅固義，《詩經》：「我馬既同，我車既攻。」

敲 qiāo　　橫擿也。从攴，高聲。〔口交切〕

豛 zhuó　　擊也。从攴，豖聲。〔竹角切〕

【注釋】

段注：「此與《木部》椓音義皆同。」本義是敲擊。

敳 wǎng　　放也。从攴，㞷聲。〔迂往切〕

斄 斄 xī　　坼也。从攴，从厂。厂之性坼，果孰有味亦坼，故謂之斄。从未聲。〔徐鍇曰：厂，匥也。〕〔許其切〕

【注釋】

坼者，裂也，離也。今釐、嫠、氂從此聲。

斀 斀 zhuó　　去陰之刑也。从攴，蜀聲。《周書》曰：刖劓斀黥。〔竹角切〕

【注釋】

古刑法名，即宮刑。又有打擊義。段注：「《大雅》：昏椓靡共。鄭云：昏、椓皆奄人也。昏，其官名也。椓，毀陰者也。此假椓為斀也。」

暋 暋 mǐn　　冒也。从攴，昏聲。《周書》曰：暋不畏死。〔眉殞切〕

【注釋】

本義是強橫、頑悍，如「暋不畏死」。又有勉力、努力義。

敔 敔 yǔ　　禁也 [1]。一曰：樂器椌楬 [2]，形如木虎。从攴，吾聲。〔魚舉切〕

【注釋】

[1] 敔乃禁禦（御）之本字也。御有禁止義，《爾雅》：「御，止也。」今御行而敔廢矣。

[2] 椌楬謂柷敔也。椌謂柷，楬謂敔。柷形如漆桶，奏樂開始時敲打。敔狀如伏虎，奏樂將終，擊敔使演奏停止。《釋名》：「敔，衙也。衙，止也，所以止樂也。」《三才圖會》有圖像，可參。

敤 敤 kě　　研治也。从攴，果聲。舜女弟名敤首。〔苦果切〕

鈙 鈙 qín　　持也。从攴，金聲。讀若琴。〔巨今切〕

斀 斀 chóu　　棄也。从攴，雟聲。《周書》以為討。《詩》云：無我斀兮。〔市流切〕

畋 畋 tián　　平田也。从攵、田。《周書》曰：畋爾田。〔待年切〕

【注釋】

平，治也。「平田」謂耕種田地也。「畋作」謂耕種田地。今作為畋獵字。從田，田亦聲。

改 改 gǎi　　殺改，大剛卯，以逐鬼魅也。从攵，巳聲。讀若巳。〔古亥切〕

敘 敘 xù（叙）　　次弟也。从攵，余聲。〔徐呂切〕

【注釋】

俗字作叙。今順序之本字也，《說文》：「序，東西牆也。」非本字明矣。段注：「古或假序為之。」蘇軾的祖父名序，為避家諱，蘇洵在作序言時把序改為引，蘇軾則把序言改為敘言。見「序」字注。

敊 敊 bǐ　　毀也。从攵，卑聲。〔辟米切〕

毀 毀 ní　　敊也。从攵，兒聲。〔五計切〕

【注釋】

兒有日、疑兩讀，日母部分來自上古舌根音疑母齶化。

牧 牧 mù　　養牛人也。从攵，从牛。《詩》曰：牧人乃夢。〔莫卜切〕

【注釋】

本義是放牧，引申統治義，如「牧民之道」。牧即養，牧牛即養牛，牧與養義同，見後「養」字注。

敕 敕 cè　　擊馬也。从攵，束聲。〔楚革切〕

【注釋】

策是馬鞭，以策擊馬曰敕，同源詞也。段注：「所以擊馬者曰箠，亦曰策，以策擊馬曰敕，策專行而敕廢矣。」

𣀔 chuàn　小舂也。从攴，算聲。〔初絭切〕

【注釋】

《廣雅》：「𣀔，舂也。」

敿 qiāo　𣪠田也。从攴，堯聲。〔牽遙切〕

【注釋】

今「磽埆」之本字也，謂土地堅硬貧瘠。

文七十七　重六

教部

教 jiào　上所施下所效也。从攴，从孝。凡教之屬皆从教。〔古孝切〕古文教。亦古文教。

斅 xué（學）　覺悟也。从教，从冂。冂，尚矇也。臼聲。〔胡覺切〕篆文斅省。

【注釋】

今通行重文學。今簡體字学乃草書楷化字形。甲文作、，或從臼持爻以教膝下之子，或從子學爻於大人膝前。古教、學原為一字，後分化為二。《禮記·學記》：「兌命曰：學學半。」上字音 xiào，教也。《廣雅》：「學，教也。」學有 xiáo 音，今天津土話學習讀作 xiáo 習。

段注：「枚賾《偽尚書·說命》上字作斅、下字作學。上學字謂教，斅从攴，主於覺人。秦以來去攴作學，主於自覺。後人分別斅胡孝反，學胡覺反。」

文二　重二

卜部

卜 bǔ　灼剝龜也。象灸龜之形。一曰：象龜兆之从橫也。凡卜之屬皆从卜。〔博木切〕古文卜。

【注釋】

剝，裂也。本義是占卜，後引申出猜測、預料義，如「前途未卜」。占亦有此二義，同步引申也。古代算卦用龜殼叫「卜」，用蓍草叫「筮」，合稱「卜筮」，統稱為「占」。

卦 卦 guà　　筮也。从卜，圭聲。〔臣鉉等曰：圭字聲不相近。當从挂省聲。〕〔古壞切〕

卟 卟 jī（乩）　　卜以問疑也。从口、卜。讀與稽同。《書》云：卟疑。〔古兮切〕

【注釋】

俗作乩，今有「扶乩」。段注：「按小徐曰：《尚書》：明用卟疑。今文借稽字。」「讀與稽同」，此以讀若破假借也。

貞 貞 zhēn　　卜問也。从卜，貝以為贄。一曰：鼎省聲。京房所說。〔陟盈切〕

【注釋】

貞乃草書楷化字形。甲骨文作 𣄰，郭沫若《卜辭通纂》：「古乃假鼎為貞，後益之以卜以成鼎（貞）字，以鼎為聲，金文復假鼎為鼎。鼎、貝形近，故鼎乃訛變為貞。」

「貝以為贄」乃許慎所解之小篆字形理據，實則貝乃鼎之訛省。《說文·鼎部》：「鼎，籀文以鼎為貞字。」甲骨文多以鼎為貞字，與許說合。鼎、貞上古皆屬端母、耕部，郭說可信。

貞的本義是占卜，常用堅硬義，如「虛脆不貞實」，今有「堅貞」，同義連文。正也，《周易》：「元亨利貞。」貞，正也。《老子》：「侯王得一以為天下貞。」

𣄰 𣄰 huì　　《易》卦之上體也。《商書》曰：貞曰𣄰。从卜，每聲。〔荒內切〕

【注釋】

段注：「今《尚書》《左傳》皆作悔，疑𣄰是壁中古文，孔安國以今文讀之，易為

悔也。」

西漢魯恭王從孔子舊宅壁中發現古文經書後，書交孔氏家主孔安國。安國通古文字，將這批古文經書加以整理。前一簡作古科斗文，後一簡作今隸體，隔行並排以相注釋，其本稱「隸古定」本，並上報朝廷。「隸古定」本開後來「三體經文」先例，後世刻帖遇有古文字，也採用此法，注以今體文字。

占 占 zhān　　視兆問也。从卜，从口。〔職廉切〕

【注釋】

兆，裂紋也。本義是占卜，引申為預測。卜亦有此二義，同步引申也。口述由別人記錄也謂之占，如「隨口占詩數首」。占、卜、筮有別，算卦用龜殼叫卜，用蓍草叫筮，統稱為占。烏龜和百年的蓍草皆老精物，有靈性，可以鑒往知來，故以之占卜。

又自報數目、估計上報謂之占，《爾雅》：「隱，占也。」《漢書》：「流民自占八萬餘口。」《廣雅》：「隱，度也。」段注：「按上文卟字疑占之變體，後人所竄入。」

卧 卧 zhào　　卜問也。从卜，召聲。〔市沼切〕

【注釋】

段注：「疑此即後人杯珓字，後人所增。」杯珓是在神明前占卜吉凶的器具。原用蚌殼投擲於地，視其俯仰情形，斷其吉凶。後改用竹子或木片，做成蚌殼狀替代。

兆 兆 zhào（兆）　　灼龜坼也。从卜、兆。象形。〔治小切〕 兆 古文兆省。

【注釋】

今通行古文兆。段注：「按凡曰朕兆者，朕者如舟之縫，兆者如龜之坼，皆引申假借也。」本義是龜甲上燒的裂紋，引申為徵兆、跡象義。

常用義是開始，通「肇」，《左傳》：「能布其德，而兆其謀。」引申為墓地的界域，《廣雅》：「兆，葬地也。」後作「垗」。又泛指界域，如「兆域」。又有眾多義，古有「萬兆」「億兆」連用。「兆民」謂眾民、百姓也。

文八　重二

用部

用 用 yòng　　可施行也。从卜，从中。衛宏說。凡用之屬皆从用。〔臣鉉等曰：卜中乃可用也。〕〔余訟切〕用 古文用。

【注釋】

本義即應用、使用。引申為財物義，今有「才用」。作虛詞表示因為，「用是」即因此也。表示憑藉，《史記》：「用其姊妻之。」用，以也。介詞「以」有此二義，同步引申也。

甫 甫 fǔ　　男子美稱也。从用、父，父亦聲。〔方矩切〕

【注釋】

本義是男子的美稱。此義又寫作「父」，古代男子字後常帶「甫」字，前面加排行，構成了字的全稱，如「仲尼父」「仲山甫」「子路甫」。有時多省去「甫」字，簡稱「仲尼」，或省去排行作「尼甫」。「台甫」為詢問別人名號用語。甫之常用義，剛剛也，今有「驚魂甫定」。大也，《爾雅》：「甫，大也。」《詩經》：「無田甫田。」

孔子或叫仲尼，或叫尼甫，或叫仲甫（仲父），或全稱叫仲尼甫。仲是排行，尼是字，甫是美稱。周制，二十歲後、五十歲前但稱某甫，謂之「且字」，五十歲後則依排行稱伯某甫、仲某甫等。

段注「且」字：「蓋古二十而冠，只云某甫。五十而後以伯仲某甫者，所以藉伯仲也。」即「某甫」是「墊」在排行之下，故「某甫」稱且字。《公羊傳·桓公四年》：「其稱宰渠伯糾何。」陳立義疏：「且，猶言藉也。冠後稱伯某甫，叔仲季，唯其所當，不當單稱伯仲，故以甫字藉之，若言承藉之義。」見「且」字注。

庸 庸 yōng　　用也。从用，从庚。庚，更事也。《易》曰：先庚三日。〔余封切〕

【注釋】

本義是用，今有「毋庸諱言」。常用義是受雇傭，後來寫作「傭」。庸者，常也，如「中庸」，中謂不偏，庸謂不易，不變易即恒常也。「庸人」者，本義是平常之人，今指愚蠢之人。「平庸」者，平常也。《爾雅》：「庸，常也。」又有功勞義，《爾雅》：「庸，勞也。」《國語》：「庸績書於王府。」又表反問，常「庸詎」連用。

葡bèi　具也。从用，苟省。〔臣鉉等曰：苟，急敕也。會意。〕〔平秘切〕

【注釋】

今「備具」「求全責備」之本字也。《說文》：「備，慎也。」乃防備之本字。甲骨文作、，象箭袋之形，吳大澂：「盛矢之器，後人加牛為犕，又通服。」王國維《觀堂集林》：「古箙字。」

段注：「《人部》曰：備，慎也。然則防備字當作備，全具字當作葡，義同而略有區別，今則專用備而葡廢矣。」

甯nìng（寧、宁）　所願也。从用，寧省聲。〔乃定切〕

【注釋】

《說文・丂部》：「寧，願詞也。从丂，寍聲。」寧為今寧願本字。段注謂寧、甯音義皆同，異部重文也。《說文》：「寍，安也。」此安寧本字也。今字多假寧為寍，寧行而寍廢矣。唯道光皇帝名旻寧，為避諱，寧改寍，去丁。今臺灣女明星有張鈞甯，甯即寧也。

《說文》：「宁，辨積物也。」音 zhù，乃貯存之古字也。《爾雅》：「門屏之間曰宁。」郭云：「人君視朝所宁立處。」宁立，久立也。宁立者，正積物之義之引申。俗字作佇、竚。

文五　重一

爻部

爻yáo　交也。象《易》六爻頭交也。凡爻之屬皆从爻。〔胡茅切〕

【注釋】

交者，聲訓也。卦的變化取決於爻的變化，故爻表示交錯和變動的意義。常用義交也，如「爻分」，交錯分開。「爻錯」，交叉錯雜也。段注：「《繫辭》曰：爻也者，效天下之動者也。」

棥fán　藩也。从爻，从林。《詩》曰：營營青蠅，止於棥。〔附袁切〕

【注釋】

此樊籬之本字也，《說文》：「樊，摯不行也。」非本字明矣。

段注：「按《齊風》：折柳樊圃。毛曰：樊，藩也。樊者，棥之假借。藩，今人謂之籬笆。」

文二

焱部

焱 ⁂ lǐ　　二爻也。凡焱之屬皆从焱。〔力几切〕

【注釋】

段注：「二爻者，爻之廣也，以形為義，故下不云从二爻。珏、棊疑皆此例，無庸補从二玉、从二余也。」

國學大師章太炎有三女，皆以古字命名，艱深難懂。長女章焱（音 lǐ），次女章叕（綴的古字，音 zhuó），幼女章㠭（展的古字，音 zhǎn）。據傳，三女到了適婚年齡，皆無人提親，因欲提親者恐讀不出名字反遭笑話。章得悉此事後，在一次宴會中有意說出她們名字的讀音，女兒們的婚事才不至於因「不會念名字」而耽誤。取名採生僻字之弊，可見一斑。

爾 爾 ěr（尔）　　麗爾，猶靡麗也。从冂，从焱，其孔焱，介聲。此與爽同意。〔兒氏切〕

【注釋】

麗爾謂空明疏朗也，蓋古語，此爾之本義也。今作「爾汝」「能爾」者，本字皆當作介，《說文》：「介，詞之必然也。」介俗作尔，爾行而介（尔）廢矣，唯今簡化漢字又採用俗體尔。

「爾汝」謂你我相稱，關係親密，如「相為爾汝」「爾汝之交」。「爾」在春秋齊侯壺中已出現，「介」在戰國時的中山王鼎中也已出現。實則「介」保存了「爾」字的上部分，可視為「爾」的俗體。

段注：「後人以其與汝雙聲，假為爾汝字。又凡訓如此，訓此者皆當作介，乃皆用爾，爾行而介廢矣。」

爽 爽 shuǎng　　明也。从焱，从大。〔疏兩切〕〔徐鍇曰：大，其中隙縫

光也。〕爽 篆文爽。

【注釋】

本義為明，今「爽朗」保留本義，朗亦明也。常用有差錯、違背義，今有「屢試不爽」「爽約」，《詩經》：「女也不爽，士貳其行。」又有毀壞義，《老子》：「五味令人口爽。」又涼也，今有「秋高氣爽」。

段注：「爽本訓明，明之至而差生焉，故引申訓差也。朝旦之時，半昧半明，故謂之旦昧爽。《日部》曰：昧爽，旦明也。」

文三　重一